Im Brennglas der Worte

Zeitgenössische Lyrik als Element der Liturgie

Herausgegeben von
Erhard Domay und Vera-Sabine Winkler

Gütersloher Verlagshaus

Die Deutsche Bibliothek - CIP-Einheitsaufnahme

Im Brennglas der Worte: zeitgenössische Lyrik als Element der Liturgie /
hrsg. von Erhard Domay und Vera-Sabine Winkler. -
Gütersloh: Gütersloher Verl.-Haus, 2002
ISBN 3-579-03289-5

Umwelthinweis:
Dieses Buch wurde auf chlorfrei gebleichtem und alterungsbeständigem Papier gedruckt. Die vor Verschmutzung schützende Einschrumpffolie ist aus umweltschonender und recyclingfähiger PE-Folie.

ISBN 3-579-03289-5
© Gütersloher Verlagshaus GmbH, Gütersloh 2002

Das Werk einschließlich aller seiner Teile ist urheberrechtlich geschützt. Jede Verwertung außerhalb der engen Grenzen des Urheberrechtsgesetzes ist ohne Zustimmung des Verlages unzulässig und strafbar. Das gilt insbesondere für Vervielfältigungen, Übersetzungen, Mikroverfilmungen und die Einspeicherung und Verarbeitung in elektronischen Systemen.

Umschlaggestaltung: Init GmbH, Bielefeld, unter Verwendung einer Zeichnung von Cordelia Jungkunz Bernecker, © Vera-Sabine Winkler
Satz: Weserdruckerei Rolf Oesselmann GmbH, Stolzenau
Druck und Bindung: Těšínská Tiskárna AG, Český Těšín
Printed in Czech Republic

www.gtvh.de

Inhalt

Einleitung	7
Hinweise zum Gebrauch der Textsammlung	17
Noch taumeln die Silben – Texte zum Advent –	19
Ein Schrei öffnet das Tor – Texte zur Weihnachtszeit –	31
Vor und hinter dem Punkt – Texte zum Jahreswechsel –	43
Im Brennglas der Worte – Texte zur Passionszeit –	57
Was uns weiterschreibt – Texte zur Osterzeit –	71
Im Konzertsaal des Schweigens – Texte zu Himmelfahrt –	85
Ungereimtes verbindet – Texte zu Pfingsten –	99
Drei Farben hat das Alphabet – Texte zur Sommerzeit –	113
Das Salz der Fragen – Texte zum Totengedenken –	127
Die Autorinnen und Autoren	143

Einleitung
Die Idee: »Lyrische Liturgie«

Gedichte *im* Gottesdienst? Ja, das kommt immer wieder einmal vor! Als Predigteinstieg, als klingender Liedtext, auch als liturgisches Element waren und sind poetische Texte unterschiedlichster Prägung nicht ganz unwillkommen. Und sogar die Gottesdienstbesucher, die gewiß keinen poetischen Klassiker auf dem Küchentisch liegen haben, fragen häufig nach, wollen das gepredigte, gesungene oder gelesene Gedicht mitnehmen können – im konkreten wie im übertragenen Sinn.
Das vorliegende Buch nimmt dieses Interesse an poetischen Texten auf. Es versucht, Elemente einer »Lyrische Liturgie« zu gestalten und geht den lyrischen Entfaltungsmöglichkeiten der Liturgie nach – in der Überzeugung, daß Dichtung zur Liturgie und Liturgie zur Dichtung werden kann. Denn wer einmal die spirituelle Wirkkraft eines Gedichtes erfahren hat, kann poetische Texte kaum noch als bloßen »Aufhänger« für eine gottesdienstliche Handlung gebrauchen – und dadurch mißbrauchen. Der Blick hinter die grammatikalische, phonetische und rhythmische Gestalt der poetischen Sprache zwingt zu einem achtsamen, ja neugierigen Dialog mit ihr. Zu einem Dialog also, der einerseits fragt, wie die (persönlich erfahrene) Wirkkraft eines Gedichtes auch für andere spürbar gemacht werden kann und andererseits anerkennt, daß das einem poetischen Text innewohnende Potential nicht per Knopfdruck verfügbar ist. Zu einem Dialog auch, der ernst nimmt, daß der poetischen Sprache eine Anziehungskraft und Weite innewohnt, die vielen unserer liturgischen Texte und Riten im Ringen um formale Stimmigkeit, intellektuelle Stringenz oder theologische Eindeutigkeit schon lange verlorengegangen ist.
Die Einleitung versteht sich als Teil eines solchen Dialoges. Sie fragt, wie die Liturgie – wieder – zur »Gottesfeier« werden kann und zielt dabei auf ein neues (Selbst-)verständnis liturgischer Texte und Riten aus poetischer Perspektive – eben auf eine »Lyrische Liturgie«.

Das Selbstverständnis

Die »Lyrische Liturgie« heißt nicht ganz zufällig so, wie sie heißt. Es ist eine Selbstbezeichnung, die der Erklärung bedarf – zumindest bei denjenigen, die sich nicht vom Gleichklang der Worte mitreißen lassen und genauso selbstverständlich von poetischer Liturgie oder Gedichten im Gottesdienst reden könnten. Und doch kann meines Erachtens mit dem einen nie das andere gemeint sein!
Wer von Gedichten *im* Gottesdienst spricht, ordnet das Poetische in das Religiöse hinein. Das birgt die schon erwähnte Gefahr gegenseitiger Funktionalisierung: Das Gedicht wird nicht mehr um seiner selbst willen, sondern nur noch zur Aufwertung von Liturgie oder Predigt eingesetzt. Oder aber der Gottesdienst wird zum literarischen Forum, das für die Dichtung ein neues Publikum bereithält.
Wird dagegen das Wort »poetisch« zur Charakterisierung von Liturgie oder Gottesdienst verwandt, so liegt – rein sprachlich – der Akzent auf dem »Tun« / *poiein*, also der intensiven Text- und Konzentrationsarbeit, die dem Entstehen der meisten Gedichte vorausgeht. Da das Tun schnell zu theologischer Selbstüberschätzung und zum Machbarkeitswahn verführt, lenkt die Betonung dieses Aspektes leicht von der spielerischen und geheimnisvollen Dimension der Dichtung *und* des Gottesdienstes ab.
Demgegenüber akzentuiert die »Lyrische Liturgie« ganz bewußt die Bedeutung von Sprachrhythmus und Sprachklang. In Erinnerung an die »Lyra«, das antike Saiteninstrument, geht es um ein Verständnis von Dichtung, das die musischen und dramaturgischen Elemente der Poesie in den Vordergrund rückt. Dahinter stehen die Erfahrung und Behauptung, daß ein Text sich – innerlich und/oder äußerlich – ereignen muß, damit er wirkt! Auch verweist der Begriff »Lyrik« auf die religiösen Wurzeln der Dichtung, die sich erst allmählich von den sie im Kultus begleitenden Elementen Tanz und Musik löste und sie dann später, in Abgrenzung zu Drama und Epos, wieder in ihre Sprachgestaltung und Selbstdarstellung aufnahm.

Eine Liturgie, die einer so verstandenen Poesie begegnet, kommt nicht umhin, sie als verschollene Schwester zu begrüßen – als Text und Sprachgattung also, die sich dem öffentlichen und lebensdeutenden Dienst am Menschen verschrieben weiß.

Die gegenseitigen Herausforderungen

Lyrik setzt voraus, daß eigene Erlebnisse in der poetischen Textgestaltung so zur Sprache gebracht werden können, daß sich andere Erfahrungen darin widerspiegeln, daran reiben und neu definieren können. Ein gelungener, lyrischer Text entwächst im Schreiben und Vortragen seinem Ursprung. Diese Möglichkeit der Selbsttranszendierung ist auch das Anliegen jeder Liturgie. In der Hinwendung zu Gott sucht sie Neuorientierung und Sinn. Doch formelhafte oder plakative Sprache läßt viele Gebete in der Beschreibung des eigenen Kontextes verharren. Zugunsten gruppen- oder themenspezifischer Bezüge geht die Chance verloren, durch die Sprache im Eigenen das Fremde und im Fremden das Eigene entdecken und annehmen zu können.

Die Lyrik fordert die Liturgie an dieser Stelle zu einem neuen Selbstverständnis heraus, das sich nicht nur um eine stimmige Benennung von menschlichen Grunderfahrungen bemüht, sondern dem Sprachprozeß und seinen spirituellen Möglichkeiten kreative Aufmerksamkeit widmet.

Aber auch die Liturgie hält für die Lyrik eine grundlegende Herausforderung bereit. Seit Jahrtausenden ist sie ein machtvoller Ort öffentlicher Inszenierung von Sprache und Lebensdeutung. Dieses Forum hat die Lyrik als eigenständiges Genre, einhergehend mit ihrer Emanzipation von Kult und Theater, weitestgehend verloren. Ihre unmittelbaren Darstellungsräume beschränken sich auf Lesungen mit einem vergleichsweise elitären Publikum. Die poetische Weite und Macht ihrer Texte steht – so betrachtet – in Gegensatz zu einem sehr begrenzten Wirkungskreis. Daraus eine notwendige Rückkehr der Dichtung in übergeordnete gesellschaftliche oder kirchliche Kontexte ableiten zu wollen, ist genauso naheliegend wie trügerisch. Wohl aber kann und muß sich zeitgenössische Lyrik, gerade wenn sie einen lebensdeutenden und damit ethischen Anspruch hat, fragen lassen, wie sie sich selbst besser zu Gehör bringen kann. Die der Liturgie innewohnende Dramaturgie und ihr Bemühen um Kommunikation bieten hier wichtige Anregungen.

Das Sprachverständnis

Das kürzeste Gedicht *und* Gebet abendländischer Tradition, das ich kenne, ist das jüdische Tetragramm: Vier aneinander gereihte hebräische Konsonanten kennzeichnen die unmögliche Möglichkeit, vom Transzendenten zu sprechen. Erst durch die geistreiche Zuordnung von Vokalen wird die menschliche Annäherung an das letztlich unfaßbare Geheimnis allen Lebens denkbar. Doch auch hier signalisiert das Verbot, die Gottesbezeichnung auszusprechen, eine große Achtung vor dem Unaussprechlichen und ein Gespür dafür, wie schmal der Grat zwischen Beschreibung und Festschreibung ist.
Gleichzeitig lädt der staunende Blick auf die zunächst stumme, aber variationsreiche hebräische Konsonantenwelt dazu ein, mit Seele und Geist das göttliche Geheimnis zum Klingen zu bringen, das nach kabbalistischem Verständnis hinter jedem Buchstaben, Wort und Text schlummert. Die »Schrift« bedarf sozusagen der immer neuen Ausspuche und Interpretation, um zum Leben zu kommen und lebendig zu bleiben.
Ein aus diesen Aspekten des Tetragramms und der jüdischen Buchstabenmystik gewonnenes Sprachverständnis ermutigt zu einem gleichermaßen ernsthaften wie spielerischen Umgang mit den phonetischen, rhythmischen und symbolischen Elementen von Lyrik und Liturgie. In Ergänzung zur ethisch wie politisch immer noch bedeutsamen Debatte um eine gerechte Sprache erinnert es daran, daß die Überzeugungskraft eines Textes nicht nur von seiner Struktur, sondern auch von dem Empfinden, das ihn beseelt, abhängt.

Für das Gedicht ereignet sich diese Sprachschöpfung vor allem im Spannungsfeld von Klischee und Innovation. Im informierten und konzentrierten Spiel mit alten oder neuen Worten, Wortkombinationen und Rhythmen entscheidet sich, wieviel Faszination ein Text zu entfalten vermag.

Das Gebet dagegen muß sich zurechtfinden zwischen dem Wunsch nach religiöser Beheimatung und der Angst vor traditioneller Erstarrung. Eine genaue Vergegenwärtigung seines liturgischen Ortes und der phantasievolle Umgang mit vorgegebenen Deutungsmustern können es – wenigstens ab und zu – zum spirituellen Erlebnis werden lassen.

Der Handlungsrahmen

Jedes (öffentliche) Gebet ereignet sich in einem religiös-kulturell geprägten Handlungsrahmen. Dieser Rahmen wird im christlichen Kontext bezeichnet als *Gottesdienst, Messe, Vesper, Mette, Andacht oder Stundengebet*. Mit jedem dieser Namen verbinden sich lang tradierte liturgische Formen und Abläufe. Sie aufzulockern und zu durchbrechen war und ist Gegenstand vieler ernstzunehmender Bemühungen um eine authentische und zeitgemäß gefeierte, öffentliche Religiosität. Darüber hinausgehend kann eine lyrisch orientierte Annäherung an die Liturgie aufzeigen, welche bisher unentdeckten dramaturgischen und poetischen Möglichkeiten in den klassischen Elementen der Liturgie und ihrer Abfolge liegen. Die folgenden Überlegungen beschränken sich auf einige, in den meisten christlichen Liturgien vorhandene Kernstücke: Votum, Eingangspsalm, Kyrie und Gloria, Gebet und Segen.

Das *Votum* geht zurück auf liturgische Grußformeln, die zu Beginn des (ur)christlichen Gottesdienstes ausgesprochen wurden. In seiner stark formalisierten, trinitarischen Form erinnert es an das ebenso streng und kurz geführte japanische Haiku. Hier wie dort geht es – trotz aller

Gegensätzlichkeit von Ursprung, Sprachform und Kontext – darum, im Brennpunkt weniger Silben einen existentiellen Bezugspunkt des gemeinsamen Lebens aufblitzen zu lassen. Der Ansporn zu formaler Kargheit und Konzentration birgt das Versprechen umfassender Erkenntnis und ganzheitlichen Berührtseins: im Votum mit Bezug zum göttlichen Geheimnis, im Haiku mit Bezug zu den Jahreszeiten. Wer sich also anspornen läßt von dem ganz fremden Vorbild des Haiku, kann in der Formulierung neuer Voten eine lyrische Herausforderung an die Liturgie entdecken und erfahren. Wer gedankenlos die Vorgabe der Dreiheit füllt, vergibt die Chance eines gleichermaßen schlichten wie tiefgründigen Auftakts.

Formal und inhaltlich leichter zugänglich ist der *Eingangspsalm*. In der Erinnerung an jüdische Glaubenserfahrung hat er Auftrag und Chance der themenbezogenen, lyrischen Einstimmung. Angesichts der Vielfalt ansprechender, moderner Psalmübertragungen gerät allerdings leicht aus dem Blick, daß hier ein explizit jüdisches Glaubenselement in der christlichen Liturgie und Gottesfeier erscheint. Diese Fremdheit des Vertrauten wieder spürbar zu machen, ist nicht einfach, aber bedeutsam. Denn wer den Eingangspsalm als jüdische Ouvertüre begreift und gestaltet, kennzeichnet Liturgie als ein die Religionsgrenzen überschreitendes Element und achtet die jüdische Tradition in ihrer Eigenständigkeit und Eigenheit. Da die Sprache der Psalmen sehr lyrisch ist, kann zum Beispiel eine muttersprachliche Rezitation eine wohlklingende Erinnerung an ihren Ursprung sein. Im Hören auf eine fremde, dem Verstand nicht zugänglichen Sprache kann ferner erfahren werden, wie grundlegend Stimme und Klang zur Bedeutung eines Textes beitragen. Ähnliches kann durch Psalmübertragungen erreicht werden, die mit Wort- und Sprachverfremdungen arbeiten und so im Nichtverstehen ein neues Verständnis anbieten.

Auch *Kyrie und Gloria* sind Sinnbilder dieser paradoxen Möglichkeiten der Liturgie. Als einander zugeordnete Gebete symbolisieren sie zwei sehr gegensätzliche Grunderfahrungen des Menschen, die klassisch-theologisch als das Gegenüber von Sünde und Gnade bezeichnet werden. Da aber beim Kyrie Jesus Christus der Adressat des Gebetes ist und das Gloria im Namen Gottes gesprochen wird, tritt die anthropologische Zusammengehörigkeit beider Erfahrungen leicht in den Hintergrund. Außerdem ist vielen zeitgenössischen Gottesdienstbesuchern und Gottesdienstbesucherinnen weder emotional noch intellektuell klar, wer hier was und warum sagt. Dabei sind gerade Kyrie und Gloria der liturgische Part, der kennzeichnen und zeigen kann, in welch zerrissenem und zugleich wunderbaren Selbst- und Gottesverhältnis ein Mensch (nach christlicher Auffassung) steht. Um diese existentielle Dimension des Kyrie und Gloria für andere und sich selbst wiederzugewinnen, müssen Liturginnen und Liturgen bejahen und verinnerlichen, worum es geht. Eine lyrisch gestaltete Liturgie, die Sprachform, Sprachklang und gegebenenfalls sogar Gestik auf den jeweiligen Duktus hinführt, kann sie bei diesem schwierigen Auftrag unterstützen. Denn in der minutendichten Abfolge von Kyrie und Gloria ist ihr anthropologisches Paradox nur dann zu vermitteln, wenn ihre Sprachgestalt pointiert bis überzeichnet ist.

Kollektengebet und *Fürbittengebet* dagegen sind vergleichsweise »schlichte« Orte der thematischen, theologischen und ethischen Sammlung. Die Möglichkeit der Reihung und Konklusion machen sie zu den am einfachsten gestalteten und gestaltbaren Liturgieteilen. Dennoch fordern auch sie zu lyrischer Textarbeit und Spracherfahrung heraus. Vor allem dann, wenn es darum geht, in ihnen eigene und fremde Erfahrungen in ein Verhältnis zu bringen, das die persönlichen und gemeinsamen Wahrnehmungs- und Handlungsmöglichkeiten erweitert. In einem traditionell formulierten Kollektengebet kommt dieser Anspruch in einer christologisch orientierten Schlußformel zum Ausdruck. Im Fürbittengebet kennzeichnen die Gott zugeschriebenen Attribute meist das, was als defizitär erlebt wird. In einer lyrischen Gebetsgestalt dagegen sind es vor allem die Dinge, die der Text nicht sagt und offenläßt, die Raum schaffen für das Geheimnis Gottes und persönliche bzw. gemeinschaftliche Entfaltung. Ein Gebet, das eine solche Form wagt – also auf christologische oder theomorphe Bezugspunkte verzichtet –, gewinnt die spirituelle Weite eines Gedichts. Solange es sich dabei als Gebet *in* einer christlichen Gottesfeier gestaltet, bereichert es das eigene religiöse Anliegen um eine weltethische und interreligiöse Perspektive.

Der *Segen* »zeichnet« die Gottesdienstgemeinschaft und jede bzw. jeden einzelnen kurz vor dem Ende einer Gottesfeier in besonderer und durchaus mehrdeutiger Weise. Wird der *Aaronitische Segen* verwandt, erscheint erneut ein genuin jüdisches Element in der Liturgie. In poetischer Sprache umschreibt es im vierten Buch Mose (4 Mose 6,24-26) die Wirkkraft des Segens und Segnens für das israelische Volk. Wer diese Wirkkraft den Christinnen auf dem Weg in ihren Alltag zusagt, betreibt entweder eine gedankenlose Vereinnahmung jüdischer Glaubenstradition oder ermuntert zum Religionsgrenzen überschreitenden Dialog. Dieser Dialog wird möglich, weil die geheimnisvollen Bilder vom »auf den Menschen erhobenen, leuchtenden Angesicht Gottes« nie fertiggedacht sind und im Gesicht jedes Menschen das Göttliche suchen. Wird dagegen eine klassische oder zeitgenössische *trinitarische Formel* gebraucht, geht es um eine existentiell und vorrangig christlich orientierte Segnung und Sendung. In der Konzentration auf die traditionelle Dreiheit soll – wie beim Votum – das Geheimnis des Ganzen und seine tragende Kraft spürbar werden. Wird ein frei formuliertes Segenswort verwandt, steht meist die schützende, themen- oder gruppenbezogene Wirkkraft des Segens im Vordergrund. Im Vergleich mit der Lyrik erscheinen diese und andere Formen des Segens als poetischer Schlußakkord, an dem sich entscheidet, ob und wie alles vorherige wirkt. Seine bewußte, lyrische und liturgische Gestaltung eröffnet einen über die Gottesfeier hinausreichenden, machtvollen Deutungsraum, der sich wie jedes Gedicht fragen lassen muß, ob die anspruchsvolle Balance zwischen Transparenz und Eindeutigkeit gewahrt ist. Denn ohne eindeutiges Deutungsangebot werden Lyrik und Liturgie zum nichtssagenden, narzistischen Sprachspiel. Und ohne die nötige Transparenz geht beiden ihre spirituelle Dimension verloren.

Der Horizont

Eine (christliche) Liturgie, die sich über den eigenen religiösen Horizont hinaus gestalten und vermitteln will, gewinnt diese Möglichkeit mit der Einübung in ihre lyrischen Ausdrucksmöglichkeiten. Denn ist ein poetisches Bild konkret wie transparent genug, können sich darin Menschen unterschiedlichster religiöser Prägung wiederfinden und artikulieren. Ein Gebet oder ein einziger liturgischer Satz wird dann für alle Beteiligten zu einer Brücke, die das Eigene und Fremde verbindet. Dieses kurze liturgische Verbundensein bei gleichzeitiger Beheimatung im jeweils eigenen Glaubenskontext aber nimmt vorweg, was im Dialog der Konfessionen und Religionen noch aussteht: spirituelle Gemeinschaft in und trotz aller religiösen wie rituellen Differenz!

Von einer solchen Vision herzukommen und auf sie zu zugehen, macht die Lyrische Liturgie zu einem elementar ethischen und politischen Anliegen. Sie versteht sich also nicht nur als liturgisches Experiment, das im Dialog mit der Lyrik neue spirituelle Erfahrungsräume öffnen will. Sondern das Gespräch mit der Lyrik sensibilisiert die Liturgie auch für ihren grenzüberschreitenden Auftrag. In Auseinandersetzung mit den gestalterischen Möglichkeiten der poetischen Sprache kann sie einladen zur (lyrischen) Übersetzungsarbeit, die spirituelle wie ethische Gemeinsamkeiten der Religionen herausarbeitet und den Unterschieden ihre zerstörerische Zuspitzung nimmt. Dadurch kann der poetische Sprachgeist auf spielerische und experimentelle Weise erfahren werden als völkerverbindender Geist, der nicht zufällig die mystischen Texte aller Religionen prägt. Diesem Geist Raum zu schaffen in der Liturgie und durch die Liturgie heißt deshalb auch: Zeigen, daß einer friedlichen und gemeinsamen Zukunft der Religionen nur durch gemeinsame spirituelle Erfahrungen der Weg geebnet werden kann.

Für alle aber, die diesen Weg lyrisch oder liturgisch oder lyrisch-liturgisch bereiten und begleiten wollen, gilt, was bei Reiner Kunze formuliert ist als »Verteidigung Peter Huchels oder kriterium«:

Auch dem vers ist's versagt,
leichter zu sein
als sein gewicht.

Vera-Sabine Winkler

Hinweise zum Gebrauch der Textsammlung

Auf den folgenden Seiten finden sich lyrische Texte unterschiedlichster Art. Nach Vorgabe der Autorinnen und Autoren und nach eigenem Ermessen wurden sie den verschiedenen Themenkreisen des christlichen Kirchenjahres und einzelnen Abschnitten der Liturgie zugeordnet. Diese Zuordnung ist manchmal nicht die einzig denkbare Möglichkeit und will zur persönlich reflektierten Verortung der Texte anregen. Die Reihenfolge der Texte in den einzelnen Abschnitten stellt keine Rangordnung dar.
Bei der Mehrzahl der lyrischen Texte wird ein Vorschlag zu ihrer liturgischen Inszenierung unterbreitet. Alle diese Vorschläge zielen darauf, das mit dem Text assoziierte (spirituelle) Spracherlebnis mittels einer phonetischen und/oder szenischen Darstellung in den Vordergrund zu rücken.
Der Einwand, daß lyrische Texte aus sich selbst heraus und ohne besondere Darstellung wirken können und wollen, ist berechtigt. Das rein rezitative Eintragen lyrischer Texte in die Liturgie erscheint von daher nicht nur denkbar, sondern vorrangig und wünschenswert! Allerdings erfordert dies von allen Beteiligten ein sehr hohes Maß an poetischem Sprachempfinden und eine gewisse Einübung. Deshalb zielt das vorliegende Arbeitsbuch auch auf die Förderung dieses Sprachempfindens (bei Liturginnen, Liturgen und denen, die den Gottesdienst besuchen) und begreift die angebotenen Inszenierungsvorschläge als erste Annäherung an eine lyrische Gestaltung der Liturgie.
Wir haben Inszenierungsvorschläge dort angebracht, wo wir sie für anregend und hilfreich halten. Viele Texte sprechen auf Anhieb für sich und lassen sich am besten ohne besondere Inszenierung rezitieren. Jeder Umsetzungsvorschlag stellt nur eine von vielen denkbaren Textinterpretationen dar – ist also als Reibungsfläche für eine weitere Auseinandersetzung mit dem Text gedacht.

Damit die Zuhörerinnen und Zuhörer über die Gottesfeier hinaus einen Zugang zu den lyrischen Texten suchen können, wird empfohlen, alle verwendeten Gedichte am Ende des Gottesdienstes auszulegen oder im Kirchenraum aufzuhängen. Bei einer dramaturgischen Gestaltung der Texte sollten die Namen der Verfasserinnen und Verfasser in den Mitteilungen an die Gemeinde (Abkündigungen) erwähnt werden. Bei der rezitativen Verwendung eines Gedichtes als Teil der Liturgie ebenfalls. Bei der Einordnung des lyrischen Textes als Lesung können Titel und Autorin oder Autor problemlos an Ort und Stelle benannt werden.

Ein Teil der vorliegenden Lyrik kommt hier zum ersten Mal zur Veröffentlichung, ein Teil ist bereits in anderen Zusammenhängen erschienen. Alle Texte wurden uns im Zuge einer bundesweiten Werbung für die ›Lyrische Liturgie‹ zur Verfügung gestellt. Wir danken allen Autorinnen und Autoren für ihr Vertrauen in dieses Projekt, das die Lyrik als wegweisende Gesprächspartnerin der Liturgie interpretiert und inszeniert.

Erhard Domay und Vera-Sabine Winkler

Noch taumeln die Silben
Texte zum Advent

Die Neuschöpfung eines Textes hat mit dem Beginn des Kirchenjahres das Schwanken zwischen Hoffnung und Angst gemeinsam. Immer wieder muß die Lust an der Vorbereitung gegen die Last inhaltlicher oder terminlicher Überforderung verteidigt werden. Das Wachsen eines Gedichts ist selbst routinierten Literaten genauso wenig selbstverständlich wie das Entstehen weihnachtlicher Vorfreude den Christen und Christinnen. Hier wie dort kann der »Taumel der Silben« als Spiegel des eigenen Empfindens und als Annäherungsmöglichkeit an die stets gefährdeten Chancen menschlicher Existenz begriffen werden.

Lesezeichen für erwachsene
(nach einem besuch im Hans Christian Andersen-Museum, Odense)

Auch die wunder im märchen
sind verzauberte wunden des dichters

Reiner Kunze

Liturgischer Ort: (Begleittext zum) Votum

Mögliche Inszenierung im Gottesdienst:

Ein grob gekleideter Mann kommt durch den Mittelgang, auf der Schulter trägt er einen sehr großen Tannenast. Im Altarraum schmeißt er den Ast auf den Boden, setzt sich daneben und beginnt kleine, zarte Zweige abzuschneiden. Er bindet sie zu einem losen Kranz, legt den Kranz auf den schmucklosen Altar und stellt in die Mitte eine Kerze, die er in der Jackentasche hatte. Dann zündet er die Kerze an und geht wieder. Nach einer kleinen Pause wird der Text von einem unsichtbaren Ort aus gelesen.

Neue Wege

Neue Wege möchte ich finden
schmerzhaft ungegangene
vom Du zum Ich.

Keine Handbreit an mir
die deinem Eintritt
widersteht.

Hilde Domin

Liturgischer Ort: Segen

Mögliche Inszenierung im Gottesdienst:
Weiß gekleidete Liturgin oder weiß gekleideter Liturg geht vom Altar zur Ausgangstür, dreht sich dort noch einmal um und spricht den Text. Nach der Lesung werden beide Türflügel geöffnet.

Auf freiem Feld

Wer rief mir zu? Wer half mir aus?
Wer hat mich bis hierher gebracht?
In welcher Sprache redet der?
Wozu hat er an mich gedacht?

Laß die Schultern nicht mehr hängen.
Laß die Aktentasche los.
Komm aus den Gedankengängen.
Werde frei und werde groß.

Wer hat den Stern dahingestellt?
Bin ich ein Weiser? Bin ich ein Hirt?
Wie kommt der Stall in diese Stadt?
Hat sich der Engel nicht geirrt?

Laß den Pferch! Verlaß die Schafe!
Licht scheint in der Finsternis.
Sorge nicht um Sicherheiten.
Sei dem Kind kein Hindernis.

Wie komm ich hier auf dieses Feld,
wo die Atomraketen stehen?
Wer überschattet Gottes Welt?
Komm, heiliger Geist! Willst du nicht wehn?

Arnim Juhre

Liturgischer Ort: Kyrie

Mariengebet

Maria,
den Schmerz aller Mütter
verehr ich in Dir.
Nicht begreifbar
ist die Schönheit Deines Gesichts,
die Mildtätigkeit Deiner Hände,
die Reinheit Deiner Seele, Maria,
den Schmerz aller Mütter
verehr ich in Dir.

Fritz Deppert

Liturgischer Ort: Kollektengebet

Mögliche Inszenierung im Gottesdienst:
Vom Altar aus wird ein blaues Tuch bis in den Altarraum hinein drapiert. Auf dem Tuch steht eine sehr große Schale voller rotem Wasser. Liturgin oder Liturg tritt neben die Schale, kniet nieder, wäscht sich das Gesicht mit dem Wasser und spricht den Text.

Füreinander zu singen

Für M.P.

Sein Händedruck sagt ihrer Hand
Jetzt bin ich da. Nur müde.
Laß mich ganz bei dir sein
als wäre ich allein

Ihr Mund sagt seinem Nacken
Ja. Ich weiß was war und ist
Ich bin auch dann bei dir
wenn du alleine bist.

Ulla Hahn

Liturgischer Ort: Kyrie und Gloria

Mögliche Inszenierung im Gottesdienst:

Eine Frau steht mit dem Rücken zum Altar in der rechten Ecke des Altarraums. Ein Mann steht – mit etwa einem Meter mehr Abstand zum Altar – in der linken Ecke des Altarraums. Auch er hat den Rücken zum Altar gewandt. Beide beginnen gleichzeitig kleine Seitwärtsschritte auf die Mitte hin zu machen, ihre Körperausrichtung bleibt dabei unverändert. Wenn die Frau hinter dem Mann verschwindet, bleiben beide stehen, und der Text wird von unsichtbarem Ort aus vorgelesen.

EIN sam

auf dem stoppelfeld
über einen engel
gestolpert
der da
einem
verlorenen
ein-
sam
zukunft
prophezeite

Wilhelm Willms

Liturgischer Ort: Gloria

Mögliche Inszenierung im Gottesdienst:
Erst nach der Lesung dieses Textes wird die erste und einzige Kerze auf dem sonst schmucklosen Altar angezündet. Die Kerze sollte möglichst winzig sein und doch groß genug, um während des gesamten Gottesdienstes brennen zu können.

Nachtflug

Wieder rauscht ein Wort vom Himmel.
Ich bin gereizt und konzentriert.
Ohrmuscheln spülen den Code heraus.
Die Reise gilt. Ich steige auf.

Unter mir die Welt der Menschen,
die Ziele, die Zwecke, die Ideologien,
die Kosten-Nutzen-Relationen,
die Daumenschrauben, die Angstindustrien,
die Nebel der Rüstungsspiralen.

Unter mir die Leitstationen,
der Himmel, leibhaftig geerdet,
der Richtstrahlerstern, der die Weisen führt,
der Herr aller Herren im Bretterstall,
kaum geboren, schon gefährdet.

Von oben besehen, sieht die Geschichte
genauso wie immer und
immer ganz anders aus.
Ich lande. Ich lande. Wo bin ich zuhaus?

Arnim Juhre

Liturgischer Ort: Kyrie

Worte

Worte sind reife Granatäpfel,
sie fallen zur Erde
und öffnen sich.
Es wird alles Innre nach außen gekehrt,
die Frucht stellt ihr Geheimnis bloß
und zeigt ihren Samen,
ein neues Geheimnis.

Hilde Domin

Liturgischer Ort: Kollektengebet

Psalm 36
Licht-Schöpfung

Gott sprach:
Es werde Licht!
Die Finsternis soll weichen,
die Kälte und die Angst.
Das Licht soll sich ausbreiten,
die Wärme und Geborgenheit.
Nicht der Haß, sondern die Liebe
durchziehe die Welt.

Es werde Licht!
Das war und ist Gottes Wille.
Die Dunkelheit wird vertrieben,
Kälte und Angst besiegt,
das Licht gewinnt Raum
unter Menschen und Tieren.
Gottes Schöpfung wird licht
im dunklen All.

Uwe Seidel

Liturgischer Ort: Eingangspsalm

Mögliche Inszenierung im Gottesdienst:
Auf der Vorderkante des leeren Altars wird ein sehr schmales, aber genauso breites Keramikbehältnis gestellt, das mit Spiritus gefüllt ist. Der Altarraum ist nicht beleuchtet, der Spiritus wird angezündet. Danach wird der Text aus dem Hintergrund gelesen.

sehnsucht

ich hab dich
verloren
du großer fund
klein wie
die perle
im ackergrund

ich such dich
in allem
versuche dich
und wo ich dich
suche
da finde ich
mich

ich bin
nach dir
süchtig
ich suche dich
ich kann dich
nicht finden
finde du mich

ich hab dich
verloren
du großer
fund
klein wie
die perle
im ackergrund

Wilhelm Willms

Liturgischer Ort: *Kyrie*

Verwendete Texte

- Reiner Kunze, Lesezeichen für Erwachsene, Gedicht in: Reiner Kunze: auf eigene Hoffnung, S. Fischer Verlag, Frankfurt 1981, S. 30
- Hilde Domin, Neue Wege, Gedicht in: Hilde Domin: Gesammelte Gedichte, © S. Fischer Verlag GmbH, Frankfurt a.M. 1987, S. 62
- Arnim Juhre, Auf freiem Feld, Gedicht in: Arnim Juhre: Der Schatten über meiner Hand, 3. Aufl., Radius-Verlag, Stuttgart 1984, S. 13
- Fritz Deppert, Mariengebet
- Ulla Hahn, Füreinander zu singen, Gedicht in: Ulla Hahn: Freudenfeuer, Deutsche Verlags-Anstalt, Stuttgart 1985, S. 23
- Wilhelm Willms, EIN sam, Gedicht in: Wilhelm Willms: lichtbrechung. geitliche lyrik, © Butzon & Bercker, Kevelaer 1982, S. 34
- Arnim Juhre, Nachtflug, Gedicht in: Arnim Juhre: Der Schatten über meiner Hand, 3. Aufl., Radius-Verlag, Stuttgart 1984, S. 46
- Hilde Domin, Worte, Gedicht in: Hilde Domin: Gesammelte Gedichte, © S. Fischer Verlag GmbH, Frankfurt a.M. 1987, S. 124
- Uwe Seidel, Psalm 36 – Licht-Schöpfung, in: Hanns Dieter Hüsch und Uwe Seidel: Ich stehe unter Gottes Schutz, 5. Aufl., tvd-Verlag, Düsseldorf 2000, S. 50
- Wilhelm Willms, sehnsucht, Gedicht in: Ulla Hahn: lichtbrechung. geistliche lyrik, © Butzon & Bercker, Kevelaer 1982, S. 24

Ein Schrei öffnet das Tor
Texte zur Weihnachtszeit

Wer um Sprache ringt, erfährt Schreiben und Sprechen oft als existentielles Ereignis. An einem einzigen Wort oder Satz kann sich entscheiden, ob aus einem Text eine gemeinsame Neuorientierung erwächst. Gelingt diese Übersetzung des Persönlichen ins Allgemeine, »wird das Wort Fleisch«. Das individuelle Mühen wird beschenkt mit einer Kraft, die über sich selbst hinausdrängt. Aus christlicher Perspektive symbolisiert Weihnachten dieses befreiende Wunder menschlicher Sprachschöpfung. Der erste Schrei Jesu »öffnet« bis heute der Formulierung alter und neuer Visionen »das Tor«.

Sternkrippe

In sieben-
tausend Licht-
jahren entfern-
ten Sternkrippen
werden neue Himmels-
lichter geboren,
von Augenzeugen
jubelnd begrüßt
und getauft
ein Weltraumteleskop
steht Pate.

Was ist dagegen der
eine, der namenlose, der
lang schon verheißene, der
wandernde Stern, der
mit der Anziehungskraft, der
von Engeln besungene, der
hunderttausend Sternen
nicht weicht, der
Jakobs, der
aufging?

Ganz zu schweigen von der
Krippen, für die Worte
wie armselig stehn,
die mit dem Heu und dem Stroh,
erinnere dich;
es gab eine Zeit,
das konntest du
selber dich biegen
zu so einer Wiegen,

konntest dich
nicht sattsehn
an der Geschichte,
die da geschah

Eva Zeller

Liturgischer Ort: Eingangspsalm

Mögliche Inszenierung im Gottesdienst:
Liturgin oder Liturg geht durch die Kirche und schaut dabei mit einem Fernglas suchend zur Kirchendecke hinauf. Im Altarraum stößt er gegen eine winzige Krippe, die vor dem Altar aufgestellt ist, legt das Fernglas hinein und liest den Text vom Ambo aus.

O, Tannenbaum

Alle Kinder sind im Wege jetzt,
an Festtagen nicht
wie Plätzchen sie
munden.

Alle Kinder küssen Weihnachtsmann,
Vater und Mutter
bald im Sack sie
verstecken.

Alle Kinder grüßen Hand in Hand,
flugs auf Noten zu
Himmelsgott sie
tanzen.

Horst Bingel

Liturgischer Ort: Kollektengebet

Mögliche Inszenierung im Gottesdienst:
Das Lied »Oh Tannenbaum« wird ganz leise instrumental gespielt. Kurz vor Ende der ersten Strophe bricht die Melodie unvermittelt ab, und der Text wird vorgelesen.

Märchentagung

Als ich die zärtlichkeit gottes erzählen wollte
mußt ich die ältesten märchen bemühen
von der nachtigall die so singt daß alle von sinnen kamen
nicht hier nicht hier

Als ich die zärtlichkeit gottes mitteilen wollte
hab ich zugehört hab ich geschwiegen
hab ich leiser gesprochen
nicht hier nicht hier

Als ich die zärtlichkeit gottes austeilen ging
sah ich den unglauben auf zwei gesichtern
eines mannes und eines mädchens
ganz langsam schmelzen
ob du es glaubst oder nicht
das war hier
das war hier

Dorothee Sölle

Liturgischer Ort: Kyrie und Gloria

Mögliche Inszenierung im Gottesdienst:
Nach der Textlesung nimmt die Liturgin oder der Liturg mehrere Dosen mit Goldglimmer und gibt sie durch die Reihen. Dabei wird jeder und jedem zart mit dem Finger ein Glimmerpunkt auf die Stirn gedrückt. Währenddessen kann die Orgel das traditionelle Kyrie und Gloria intonieren.

Mystische Schau

Schrei,
der im Munde zerbirst!
Ich-Farce
wird
ausgekratzt-ausgeschwemmt.
Bebendes Fleisch:
gereinigt und nackt,
bar jeden Wildgeruchs.
DROGE GOTT
sinkt ein.

Alfred Müller-Felsenburg

Liturgischer Ort: Kyrie und Gloria

Mögliche Inszenierung im Gottesdienst:
In Zusammenarbeit mit stimmlich geschulten Menschen können im Kirchenraum von verschiedenen Orten her verschiedene Schreie ertönen. Nach mehreren Minuten Stille wird dann der Text ganz leise und mit allen Stimmen gelesen.

Amen

Auge um Auge,
Zahn um Zahn,
erst in der Krippe wurde Gott
mitsamt seinen Racheengeln
zu dem,
der auch die andere Backe hinhält.
Wir aber schlugen ihn ans Kreuz,
gruben das Schwert aus
und führten heilige Kriege.
Wenn wir stattdessen
Pflugscharen führten,
wüchsen Bergpredigten
aus der Erde
und mit ihnen
das Wort und die Tat
vom Frieden auf Erden.

Fritz Deppert

Liturgischer Ort: Kyrie

Mögliche Inszenierung im Gottesdienst:

Große Waage mit zwei sichtbaren Waagschalen aufstellen, die im Ungleichgewicht sind. Nach der Textlesung Gleichgewicht herstellen, indem auf beide Seiten zwei brennende Adventskerzen gestellt werden.

Die Hirten in Bethlehem

Man sagt, es waren Hirten im Feld.
Die lauschten bei Nacht dem Lied ihrer Flöte.
Es schlief die Herde und rings ihre Welt.
Man sagt, es waren Hirten im Feld,
ein Volk zwischen Abend- und Morgenröte.

Man sagt auch, sie hätten den Herrn gesehn.
Die Friedensverheißung des alten Propheten
sei ihnen und allem Volk geschehn.
Man sagt auch, sie hätten den Herrn gesehn
und seien scheu an sein Lager getreten.

Man sagt, sie lagen bald wieder im Streit
und scheuchten den Wolf von der zitternden Herde.
Sie standen in Tagen und Nächten bereit.
Man sagt, sie stehn auch in unserer Zeit
und schauen aus nach dem Frieden der Erde.

Klaus-Peter Hertzsch

Liturgischer Ort: Eingangspsalm

Wer sagt dir ob

nicht ein leichtes Winken der Hände
ein leichtes Murmeln der Lippen
ein Augenzwinkern aus dir
ein Grasbüschel macht einen Vogel
der aus den Sternen auf dich herab
scheißt oder ein anderes gottähnliches Wesen

Ulla Hahn

Liturgischer Ort: Kollektengebet

Mögliche Inszenierung im Gottesdienst:

Festlich gekleidete Frau und festlich gekleideter Mann stehen nebeneinander im Altarraum. Gleichzeitig heben sie den Arm, um in einen Taschenspiegel schauen zu können, den sie in der Hand halten. Während sie in den Spiegel schauen, fangen sie an, sich langsam um sich selbst zu drehen. Sie drehen sich weiter, bis der Text von einem unsichtbaren Ort aus gelesen ist. Dann lassen sie den Spiegel fallen und verlassen mit schnellem Schritt den Altarraum.

Manchen gelingt es

Manchen gelingt es
sich so zu entfalten
daß sie sich immer
die Unschuld erhalten.

Die warten im Schatten
um besser zu sehen
können ohne Applaus
der Angst widerstehen.

Die schreiben nie Lieder.
Die sind Melodie.
So aufrecht zu gehen
lerne ich nie.

Konstantin Wecker

Liturgischer Ort: Kyrie

Unsere langen Schatten

Unsere langen Schatten
im Sternenlicht
und der Wein auf der Erde
Wie eng am Tode
führt unser Weg
Oh Lieber bedenk es
wie geliehen wir sind
wie flüchtig das Unsre
das Gefühl und wir selbst
Was Du heute an Ich sparst
und nicht bis zum Rand gibst
ist morgen vielleicht
so traurig und unnütz
wie die Puppe
nach dem Begräbnis des
Kinds

Nur die klingende
bis zur äußersten
Haut des Herzens gespannte
Stunde besteht

Hilde Domin

Liturgischer Ort: Begleittext zum Bekenntnis

Mögliche Inszenierung im Gottesdienst:

Trommler sitzt in einem Lichtkegel vor dem Altar und schlägt zunächst auf die nur schlaff gespannte Haut seines Instruments. Stück um Stück erhöht er die Spannung des Leders und schlägt dabei immer wieder auf die Trommel. Wenn der Klang hell und voll ist, spielt er ein paar Takte und läßt dann die Trommel alleine vor dem Altar stehen. Text wird von unsichtbarem Ort aus gelesen.

Verwendete Texte

- Eva Zeller, Sternkrippe
- Horst Bingel, O, Tannenbaum
- Dorothee Sölle, Märchentagung, Gedicht in: Dorothee Sölle: spiel doch von brot und rosen, Wolfgang Fietkau Verlag, 3. Aufl., Berlin 1998, S. 122
- Alfred Müller-Felsenburg, Mystische Schau
- Fritz Deppert, Amen
- Klaus-Peter Hertzsch, Die Hirten in Bethlehem, Gedicht in: Foto, hg. von Jürgen Richter, Thomas Verlag und Druckerei, Leipzig
- Ulla Hahn, Wer sagt dir ob, Gedicht in: Ulla Hahn: Galileo und zwei Frauen, Deutsche Verlags-Anstalt, Stuttgart 1997, S. 83
- Konstantin Wecker, Manchen gelingt es, Gedicht in: Konstantin Wecker: Schmerzvoll lebendig, © Kiepenheuer & Witsch Verlag, Köln 1998, S. 80
- Hilde Domin, Unsere langen Schatten, Gedicht in: Hilde Domin: Der Baum blüht trotzdem, © S. Fischer Verlag GmbH, Frankfurt a. M. 1999, S. 30

Vor und hinter dem Punkt
Texte zum Jahreswechsel

Traditionell wird die Jahreswende interpretiert und gefeiert als symbolischer Zeitenwechsel. Doch wer in und mit der Sprache lebt, kann den Zeitenwechsel auch begreifen als symbolischen Zeichenwechsel. Was durch Sätze, Worte, Silben und Satzzeichen zum Ausdruck kommt, ist dann nicht mehr zufällig oder beliebig, sondern bewußt gestaltet und gewählt. An die Stelle eines gedankenlosen Umgangs mit gebundenen und alltäglichen Sprachformen tritt – als guter Vorsatz – der Wunsch nach gelingender, zukunftseröffnender Kommunikation: »Vor und hinter dem Punkt«.

Rote Rose

Solange es einen Mann gibt und eine Frau
Die versuchen einander
Die ewige Jugend zu erfinden
In meinem Namen
Endet der Tod nicht aber die Angst vor ihm.

Ulla Hahn

Liturgischer Ort: Gloria

Mögliche Inszenierung im Gottesdienst:
Eine Frau und ein Mann gehen, angestrahlt von jeweils einem Lichtkegel, im dunklen Altarraum aufeinander zu. Je näher sie zueinander kommen, desto kleiner wird der dunkle Raum zwischen ihnen. Wenn sie ganz dicht voreinander stehen, wird der Text von einem unsichtbaren Ort aus vorgelesen.

Es zieht die Zeit in drei Gestalten

Es zieht die Zeit in drei Gestalten,
sie zieht in stiller Majestät.
Das Gestern geht.
Das Heute geht.
Das Morgen geht,
und sind nicht aufzuhalten.

Sie sind uns nah und ewig ferne:
drei Könige, ernst und abgewandt,
aus Gestern-Land,
aus Heute-Land,
aus Morgen-Land
ziehen hin zu Bethlehems Sterne.

Klaus-Peter Hertzsch

Liturgischer Ort: Segen

Sternschnuppe

Deiner weißen Finger Gleiten
über mein Haar
erlischt schon im Flug

Wenn ich stehenbleibe
unter den Sternen
kenne ich dein Aufleuchten
habe ich noch die Stelle
wo deine Spur erstarb

Lore Reimer

Liturgischer Ort: Kollektengebet

Mögliche Inszenierung im Gottesdienst:
Im dunklen Altarraum wird ein menschengroßes Zifferblatt aufgebaut. Während der Textlesung wird mit einer Taschenlampe (eventuell mehrmals) eine Lichtspur über das Zifferblatt gezogen. Am Ende des Gottesdienstes könnten zwölf Lichtpunkte auf dem Zifferblatt sichtbar werden.

Tagwerk. Acht Versuche

I Laudes

Auf, auf – ein Schubs, Sprung oder Gleiten
Aus dem Schlaf durch den strittigen Raum, in dem
Du dir nie begegnest, immer nur *eben noch* warst
Auf, in das Licht, die Gesetze der Wiederholung.
Hinter dem Traum schienst du fast verloren gegangen
Wer fragte nach dir, holte dich ein.
Hinaus, raunt der Begleiter mit nachtblauem Mantel, auf
Schon lockert der Kiefer sich, spielt die Zunge im Mund
Schon findest du deine Sprache wieder und
Meldest dich endlich zurück.
Engel werden Gerücht zur Zeit
Irdischen Flatterns, beim ersten Toben der Vögel
So Wesen mit eigenen Regeln
Ernsthaft für ihresgleichen, für uns scheinbar leicht
Gleiten sie durch die duftende Luft
Sitzen am Holz mit geblähter Brust, ihr eigner Beweis.
Und du kommst durch das Tor
Hörst ihnen zu; als früher, fröstelnder Gast
Gehst du durch Feuchte und Gras (das du *nicht* wachsen hörst)
Grüßt Bäume und Stein, die Auflösung kennen wie wir.
Und der Himmel will sich nun wirklich entzünden –
Sonne, die Farben der Leere und
Unser Erbteil, dies unbelehrt helle Entzücken
Das sich so einfach nicht trüben läßt.

1 Prim

Mit dem Licht kommt der Tag in die Gänge
Du öffnest das Fenster – das Tal stimmt sich ein (Sela)
Ein Ton-Band aus Zügen zieht sich durchs
Zimmer, in dem du herrlich vergessen stehst
Auf der B 10 eine Kette von Autos
Dein Arbeitsplatz ist hier im Haus
Überall brechen sie auf, und du denkst an ein Dorf.
Da putzt sich beim Brunnen die Katze
Die dir als erstes vors Auge kommt
Hühner vom Freihof picken im Mist
Ihre Geschäftigkeit ist dir vertraut
In den Ställen käuen die Kühe wieder
Ein Geräusch, das beruhigt
Bei Atlantis dösen die Discokugeln
Dir ist um Wachheit zu tun
Die Kronenwirtin kennt ihren Weg, und
Du findest endlich zum Schreibtisch
In der Schillerschule packen sie ihre Mappen aus
Du legst dir die Blätter bereit
Metzger Joos schließt seinen Laden auf
Du schaltest Laptop und Drucker an
Im Stiftsgarten wird der Rasen gemäht
Und du jetzt auch wieder ans Werk
also durchs Tor, hinein (Sela).

III Terz

Immer noch wartet das Buch, offen in seiner Mitte
Doch der Text muß erst werden
Also blickst du geduldig in das beschriebene Buch
Bis seine Seiten weiß wie ein Angebot sind.
Auf Wiedersehen, Margaretha und *Michael,*
eure Namen lösen sich auf
Irgendwo ruht ihr, wartet, daß die Paradiestür sich öffnet
Dabei trugen die Lebenden es in dies Stammbuch ein:
Gott eilet mit den Seinen, läßt sie nicht lange weinen.
Das wußten vor hundert Jahren selbst Laien.
Du wartest mitten im *Tränenthal* auf die Wörter (und
Schwer ist es, nicht zu warten, während man wartet)
Doch der Text muß noch werden.
Etwa ein Text über ein abgelegenes Klösterlein
(Zur Verbannung geeignet, fürwahr)
Vorgesehen für ein paar Männer
Die das Stundengesetz einhalten wollten
Jene Regel, die Alltag und Gotteslob paart.
Erde war ausreichend da, für Lebende und für Tote
Wasser war da, ebenso Feuer (nicht nur in der Schmiede
Immer wieder brannte die Kirche, immer neu wurde sie aufgebaut)
Und Luft, Stürme, auch ein Weihnachtsorkan
Der das Dach abräumte, eine Kiefer aus ihrem Grund riß und
Mit ein paar Knochen spielte, He, *Margaretha* und *Michael*
Ihr seid im Paradiesgärtlein, sicher – *Auf Wiedersehen* und à dieu!

IV Sext

Dieses Licht gibt es, doch du siehst es nicht gleich
Also setze dich hin, als wäre anderes nicht zu tun
Schau, was vor den Augen liegt, an wie ein fremdes Bild
Oder schließe die Augen
Senke den Kopf eine Weile
Bleibe als wunschloser Kundschafter in der Sonne
Und grüße den eigenen Schatten.
Vor allem: achte mit Haut und Haaren den Leib
Gönne ihm Wasser, dampfend, sibirisch kalt
Trage die Nase hoch (Heu, Erde, die Rose)
Zieh mit der Atemluft durch die inneren Räume und wieder hinaus
Iß jeden Happen der Birne als Happen der Birne
Und: billige die Ermüdung der Knochen.
Für deine lieben Leute geize nicht mit der Zeit.
Wiederhole ein Wort, bis es halblaut zurück spricht
Mach weiter an dem *Gedicht über die Übung zu sterben*
Auf *vierzehn Arten beschreibe den Regen*
Schreib, ohne zu wissen für wen
Mit dem Ziel des vollkommenen Werkes
Doch ohne Unsterblichkeits-Anspruch.
Sinn kannst du suchen, aber fordere ihn nicht
Probiere, dich mit dem Schmerz zu verbinden
Fahr an ein Meer und (zur Übung): vergiß dich
Die *Stufen der Demut* betrete in leichten Sandalen.

V Non

In einem Tag-Traum wartet die Eule auf dich
Ein Panther liegt *friedfertig* da
Löwen, Savannenbewohner, finden sich ein
An einem Baum spielen Elefant und Wolf
Drache und Greif nehmen sich ins Visier
Nur der Adler flog weg, er soll von der Sonne berichten.
Wer beruft solche Versammlung?
Steinalt sind die Tiere, so leicht schreckt sie nichts.
Sind sie doch zur Stelle, archaisch verbunden
Dem Innern der Welt. Darum sollen sie schützen können
(Wie magische Zäune, ein aufragendes Kreuz)
Vor Blitz, Überschwemmung und Sturm
Vor Krieg, falschem Frieden
Einem Leben in der Gewöhnung an Schrecken
Und vor Gewächsen im Innern.
Aber es muß der Mensch sprechen wollen mit Vögeln
Hörst du, an Grünzeug denken fürs Rindvieh
Das gezähmte Rattentier kraulen und
Ohne Nörgeln den Garten pflegen
Der hier das Paradies ersetzt.
Und ganz ohne Hochmut: dies höflich dem Burschen
Der gleich zwei Ungeheuer im Griff hat
(Er drauf: wir kommen klar miteinander, versteh doch
Wir trainieren zusammen, wir gehören zum Traum).

VI Vesper

Du klappst das Buch zu. Wieder kein Wunder.
Worauf hast du gewartet? Außerhalb der Bewegung der Wörter
Schlägst du das Buch zu. Kein Wunder, denn
Du bist ungeduldig bis in die Eingeweide.
Vor dem Fenster das weichere Licht
Zeit eines neuen Eifers der Vögel
Die den letzten Gang Futter holen
Zeit, wo das Herz der Eule schneller zu schlagen beginnt.
Viele Bücher haben sich durchaus gefüllt
Du hast gegen alle Schwerkraft dich an dem deinen versucht
Immer neu in den Laptop diese paar Zeilen getippt
(Sie und dein Kopf kühlen ab über Nacht
Und morgen liest es sich besser).
Wieder kein Wunder, dagegen tief drinnen
Der *Wunsch zu verschwinden*
Bevor es ganz dunkel wird.
Schon wird es stiller, es rauschen dir deine Jahre
Im Kopf als bedenkliche Mahnung.
Ja doch, du gehst jetzt zu Tisch, der Tisch ist rund
Er versammelt dich mit den andern
Zu einem Gespräch über die Gesetze der Wiederholung
die den Menschen nicht retten. Was heißt retten?
Diese drei Wörter plötzlich. *Antwort ist nur in den Fragen*
Kein Wunder?

VII Komplet

Alles das vor dem Fenster, eben noch dämmerig trübe
Und dies Fenster, Ausguck aus einem Leuchtturm
Und die Mauern, an denen das Luftmeer sich bricht.
Das zeigt tuschefarben die Zeit an
Und mahnt zur Rückkehr.
Donnernde Nächte und stille gibt es vorm Fenster
Die einen: fast, daß das Haus erzittert
(Was bringen die Züge, wohin?
Läuft *um den Horizont ein Schrei?*)
Die andern, wo alles sich der Erinnerung öffnet
Wach und vertrauensvoll bis in die Elementarteilchen
Wo du dich zudecken kannst mit deiner Haut
Siebenfach treuen Häuten, die aus Verwandlung bestehen.
Doch du weißt, es gibt das Erwachen, schweißnaß
Zu wenig Luft gibt es dann. *In der Welt habt ihr Angst.*
Hier gibt es also alles und also die Sehnsucht nach nichts.
Du hast dich aufs Bett gelegt
Kein Engel durchmißt das Zimmer, und trotzdem
Streckst du dich aus, ungerüstet
Brust und Gesicht dem Nichts zu
Wechselst nach einer Weile von der Lage der Toten
In die des Embryos, auf den
Das Licht wartet, schwierig und süß
Und klar.

VIII Vigil

Bist du wach? Und ist Mitternacht?
(Wann ist Mitternacht? Zu verschiedenen Stunden
Soviel Mitternächte wie Zeitzonen
Nur auf russischen Bahnhöfen allerorts Moskauer Zeit.)
Bist du wach? Die Feuerwerke sind abgebrannt
Ein Schein blieb, der alles sein kann.
Wo die Beleuchtung beginnt, bleibe ich unsichtbar.
Der das sagt, steht warm angezogen bereit
Für die Strecke durchs Dunkel
Denn jetzt kann nicht geschlafen werden
Welche Uhrzeit auch gilt: Mitternacht kommt.
Und er ist der Pfeil, der die Wiederkehr tapfer durchkreuzt
Mit seinem einzigen sterblichen Leib.
So steht er da zur vorgesehenen Stunde.
Was heißt Mitternacht? Die Eule ist aufgebrochen
Die Vogelspurschrift wird lesbar
Die Tagmelodie ist Erinnerung und Zukunft.
Mitternacht, Stunde der Zwillinge
Ende und Anfang, jetzt sind sie *ein* Geschöpf.
Mitternacht ist, ab jetzt zählen wir die Stunden des Tages
Mitternacht ist alltäglich.
Alles ist ruhig hier.
Warum wachst du? Einer muß wachen
Heißt es. Einer muß dasein.

Tina Stroheker

Liturgischer Ort: Stundengebete. *Sollen nur einzelne Texte verwendet werden, so eignen sie sich besonders als Eingangspsalm.*

Mögliche Inszenierung im Gottesdienst:

Texte werden nach kurzer Hinführung als meditatives Gleichnis zum Tages-, Jahres- und Lebensablauf gelesen. Zwischen jedem Text erklingt Instrumentalmusik, so daß die Gemeinde und einzelnen ganz in sich zur Ruhe kommen können.
Bei der Verwendung als Eingangspsalm kann vor jedem Text durch das Anschlagen eines Gongs oder einer Klangschale angedeutet werden, von welchem der Stundengebete die Rede ist.

Verwendete Texte

- Ulla Hahn, Rote Rose, Gedicht in: Ulla Hahn: Epikurs Garten, Deutsche Verlags-Anstalt, Stuttgart 1995, S. 33
- Klaus-Peter Hertzsch, Es zieht die Zeit in drei Gestalten, Gedicht in: Foto, hg. Jürgen Richter, Thomas Verlag und Druckerei, Leipzig
- Lore Reimer, Sternschnuppe
- Tina Stroheker, Tagwerk. Acht Versuche, Gedichte in: Tina Stroheker: Vorausgeworfene Schatten, Verlag Klöpfer & Meyer in der DVA, Tübingen 2001. Abdruck mit freundlicher Genehmigung des Verlages.

Im Brennglas der Worte
Texte zur Passionszeit

Die Passionszeit spiegelt die Zerrissenheit menschlicher Existenz und darin auch die Zwiespältigkeit, ja Aussichtslosigkeit menschlicher Sprachfindung. Der Leidensweg Jesu wird in poetischer Perspektive zum Sinnbild dichterischer Ohnmacht. Als »Brennglas der Worte« erinnert er nicht nur an die persönlichen Durststrecken am Schreibtisch, sondern vor allem an viele (jüdische) Lyriker, die dem Nationalsozialismus in Hingabe an ihr Werk getrotzt haben. Bis heute ist ihre Stimme ein wichtiges Zeichen dafür, daß das Ringen um poetische Sprache eine gleichermaßen persönliche wie politische Bedeutung hat. Ferner erinnert ihr nicht selten gewaltsamer Tod daran, daß auch im Namen des Kreuzes dichterisches Schaffen verketzert und verbrannt wurde.

Meine Sprache hat mich verlassen

Meine Sprache hat mich verlassen
sie ging aus dem haus
zum briefkasten
und kam nicht wieder

Jetzt wünsche ich ohne zu beten
jetzt hasse ich ohne zu fluchen
jetzt liebe ich ohne gedichte zu machen

Es ist alles wie immer
nur kälter

Dorothee Sölle

Liturgischer Ort: Kyrie

Mögliche Inszenierung im Gottesdienst:
Durch den Mittelgang der Kirche geht eine Person langsam auf den Altar zu. Sie ist in einen Umhang gehüllt, auf den viele Buchstaben gedruckt sind. Kurz bevor sie den Altarraum erreicht, gleitet ihr der Umhang von den Schultern. Die Person geht trotzdem weiter und bleibt erst unmittelbar vor dem Altar stehen. Mit dem Rücken zum Kirchenraum liest sie den Text.

Ein Nein gegen das Nein

Ein Nein ist leichter gesagt als ein Ja.
Denn mit dem Nein ist alles erledigt,
während mit dem Ja erst alles beginnt.
Und doch ist im Ja ein Nein verborgen:
das Nein gegen das Nein.
Erst das Nein gegen das Nein macht aus dem Ja
ein volles Ja.
Jesu Kreuz durchkreuzt das Nein.

Michael Zielonka

Liturgischer Ort: Gloria

Mögliche Inszenierung im Gottesdienst:
Liturgin oder Liturg steht neben einem sehr großen Plakat, auf dem in schwarzen Buchstaben »Nein« steht. Nach der Lesung nimmt sie einen roten Farbeimer und durchkreuzt das Nein mit zwei diagonalen, dicken roten Pinselstrichen. Die Farbe sollte so satt aufgetragen werden, daß sie aus den Strichen noch etwas nach unten läuft.

Karfreitag

In der Mitte des Tages
steht die Stadt atemlos
die große Glocke tönt
Christus ist tot
tot toot tooht
die Luft vibriert
tot toot tooht
die alten Stadtmauern zittern
tot toot tooth
Donner grollt jenseits des Meeres
bis jeder Nerv deines Körpers fühlt
Christus ist tot
tot toot tooth
nur der Himmel scheint unbewegt.

Gabriele Haas-Rupp

Liturgischer Ort: *Cantus firmus (in frei gestaltete Liturgie) oder Kyrie*

Mögliche Inszenierung im Gottesdienst:
Als Cantus firmus zur Einstimmung auf mehreren liturgisch oder homiletisch ausgestalteten Kreuzwegstationen vorlesen, vorher jeweils eine oder zwei Minuten lang eine Glocke läuten lassen.

»Wir hier unten sind heiser« Martin Luther

Wir hier unten sind heiser
Im Vergleich zu denen
da oben jedenfalls
Schon ihre Namen sind Musik
Seraphim Cherubim sechsflügelig
mit geteilten Zungen
Ganz zu schweigen vom
Halleluja der Engel

Wir hier unten sind heiser
ein paar heisere Leute
über die man die Köpfe schüttelt
Mit rauhen Kehlen
denen der Atem fehlt
begleitet vom Schnarrwerk der Welt
fallen wir ein in die höheren Chöre

Als cantus firmus
der das Hauptthema führt
durch die ineinander
verschlungenen Stimmen
Was wäre das himmlische Konzertieren
ohne uns und unser
unaussprechliches Seufzen

Eva Zeller

Liturgischer Ort: Eingangspsalm

Möglichkeit, einen sinn zu finden (für M.)

Durch die risse des glaubens schimmert
das nichts

Doch schon der kiesel
nimmt die wärme an
der hand

Reiner Kunze

Liturgischer Ort: Kollektengebet

Poetischer Vorgang

Als ich erwog du
durch er zu ersetzen
verriet ich dich ans Papier

Als ich du sagte
weil er schlechter klang
machte ich dich unsichtbar

Als ich der schrieb
fiel ihm und dir nicht auf
was wirklich geschah.

Ulla Hahn

Liturgischer Ort: Kyrie

Mögliche Inszenierung im Gottesdienst:
An einem Tisch im Altarraum sitzt eine Person vor einem großen Stapel Papier und schreibt. Aber jedes Mal, wenn sie etwas aufgeschrieben hat, knäult sie das Blatt zusammen und wirft es auf den Boden. Dabei wird sie immer schneller und hektischer. Zum Schluß wischt sie mit einer heftigen Bewegung das gesamte Papier vom Tisch, steht auf und geht. Die Liturgin oder der Liturg hebt eines der zusammengeknäulten Blätter auf, entfaltet es und liest den Text vor.

Apogei (venti)

Nach Sonnenuntergang weht
der Wind vom Land zur See
Bei Sonnenaufgang kommt
ihm Bruder Seewind entgegen
In der Windstille begegnen sie sich.
Wechselwind, schnell und zielsicher
wie der Augenblick vom Leben zum Tod

Ursula Haas

Liturgischer Ort: Kyrie oder Gloria

Mögliche Inszenierung im Gottesdienst:
Vor der Lesung rennen zwei Menschen in jeweils entgegengesetzter Richtung mehrmals am Altar vorbei und ziehen dabei zwei verschieden farbige Tücher, ausgespannt zwischen ihren Armen über dem Kopf, hinter sich her. Beim letzten Mal bleiben sie in der Mitte des Altarraumes ganz dicht vor einander stehen und lassen ihre Arme sinken. Dann wird der Text von einem unsichtbaren Ort aus vorgetragen.

widerhaken

widerhaken
und
zerrissene kiemen

an welchem faden
werde ich
heimwärts gehoben
dir
nach
ich-
thys

Wilhelm Willms

Liturgischer Ort: Kollektengebet

Elexier

Höre den Namen
in dir,
Kain.

Höre die Schritte,
du triffst dich,
Kain.

Horst Bingel

Liturgischer Ort: Kyrie und Gloria

Mögliche Inszenierung im Gottesdienst:
Vor der Textlesung wird zum gerade noch hörbaren Takt eines Metronoms ein fröhliches Klavierstück gespielt. Nach Ende des Stücks schlägt das Metronom weiter, und der Text wird von einem unsichtbaren Ort aus gelesen.

Nimm den Eimer

Nimm den Eimer
trage dich hin
Wisse du trägst dich
zu Dürstenden

Wisse du bist nicht das Wasser
du trägst nur den Eimer
Tränke sie dennoch

Dann trage den Eimer
voll mit dir
zu dir zurück

Der Gang
hin und her
dauert ein Jahrzehnt

(Du kannst es fünf- oder sechsmal tun
vom zwanzigsten Lebensjahr an gerechnet)

Hilde Domin

Liturgischer Ort: Fürbitte

Felsenmeer

Wir haben uns eingegraben, Stollen an Stollen, die Wälder
    umgestülpt,
wir haben der Erde Schätze abgefackelt, sie jagt uns in Teer
    und Federn von dannen, nackt, entblößt, wie wir kamen,
uns bleibt die Flucht, die Wege, aufgerissen, zersprungen, wir
    haben die Berge abgetragen,
noch einmal, wir halten an. Wer grüßt?
Wir, die Steine, sie schmerzen, der Asphalt, die Sonne,
    noch einmal, es schmilzt, hängt fest, zieht Blasen,
wir werden mit Blei die Formen ausgießen.

Wir haben uns angestrengt, es waren Frauen, Kinder, die
    weinten,
wir haben der Sonne Gewinn abgeschöpft, das Licht
    gestohlen, ausgetrocknet den Fluß,
uns bleibt der Sieg, wir, niemand, der folgt, wir, wir
    greifen den Wind,
noch einmal, wir verbieten die Geschichte, keiner fragt,
    niemand erzählt.
Wir, der Marsch, ohne Ende, wir ziehen den Fischen die
    Kiemen lang, wir, Amphibien, erjagt,
werden in Stein jetzt feilgeboten.

Horst Bingel

Liturgischer Ort: Kyrie

Mögliche Inszenierung im Gottesdienst:

Drei Männer schieben jeweils einen Kinderwagen im Altarraum hin und her. Sie schauen dabei in den Wagen und schäkern. Dann bleiben sie beieinander stehen, heben nacheinander einen großen Stein aus dem Wagen, zeigen ihn einander, als wäre es ein Kind und nehmen den Stein auf den Arm. So bleiben sie stehen, bis der Text von einem unsichtbaren Ort aus ganz vorgelesen ist.

Bestürzung

Nachts
schweben Tote durch meine Gedanken
stellen Fragen meinem Gewissen
das sich die Ohren zuhält
und haltlos weinen möchte
meiner schuldigen Unzulänglichkeit wegen.
Tags
besuch' ich ihre Gräber
bringe Blumen und Abbitte.

Gabriele Haas-Rupp

Liturgischer Ort: Kyrie

Verwendete Texte

- Dorothee Sölle, Meine Sprache hat mich verlassen, Gedicht in: Dorothee Sölle: verrückt nach licht, 2. Aufl., Wolfgang Fietkau Verlag, Berlin 1992, S. 156
- Michael Zielonka, Ein Nein gegen das Nein
- Gabriele Haas-Rupp, Karfreitag
- Eva Zeller, »Wir hier unten sind heiser« Martin Luther
- Reiner Kunze, Möglichkeit, einen sinn zu finden (für M.), Gedicht in: Reiner Kunze: auf eigene hoffnung, © S. Fischer Verlag GmbH, Frankfurt a. M. 1981, S. 14
- Ulla Hahn, Poetischer Vorgang, Gedicht in: Ulla Hahn: Freudenfeuer, Deutsche Verlags-Anstalt, Stuttgart 1985, S. 90
- Ursula Haas, Apogei (venti)
- Wilhelm Willms, widerhaken, Gedicht in: Wilhelm Willms: lichtbrechung. geistliche lyrik, © Butzon & Bercker, Kevelaer 1982, S. 97
- Horst Bingel, Elexier
- Hilde Domin, Nimm den Eimer, Gedicht in: Hilde Domin: Der Baum blüht trotzdem, © S. Fischer Verlag GmbH, Frankfurt a. M. 1999, S. 19
- Horst Bingel, Felsenmeer
- Gabriele Haas-Rupp, Bestürzung

Was uns weiterschreibt
Texte zur Osterzeit

Die privaten und öffentlichen Gefährdungen der Sprachschöpfung können zu österlichen Erfahrungen führen. Sie »schreiben uns weiter«, wenn der Sprache aus der Auseinandersetzung mit den Widernissen neue Tiefe und Kraft erwächst. Die Botschaft des Engels interpretiert diesen Deutungsgewinn als etwas, was sich nicht machen und recherchieren läßt. Eine Dichtung, die sich daran orientiert, muß ihr eigenes Regelwerk nicht mehr bis ins letzte erklären und kontrollieren. Sie rechnet mit dem Unberechenbaren, denn der Stein wird ohne ihr Kopfzerbrechen weggerollt.

Verabredung

Du wirst mich am Morgen spüren,
ich bin der Nebel
und führe dich.

Du wirst mich am Ufer treffen,
ich bin das Wasser
und spieg'le dich.

Du wirst mich am Abend sehen,
ich bin der Schatten
und stütze dich.

Horst Bingel

Liturgischer Ort: Gloria

Mögliche Inszenierung im Gottesdienst:
Im Altarraum ist ein möglichst großes Dreieck aus brennenden Teelichtern auf dem Boden arrangiert. Liturgin oder Liturg steht beim Vortragen jeder Strophe an einer anderen Spitze des Dreiecks.

Orpheia

Wo bist du? Wo finde ich dich?
Tot. Kein Laut. Keine Stimme.
Und meine Liebe? Ein Schmerzleib,
offen und wund.
Sag mir, wo ich dich suchen darf.
In Knochenmehl zerfallen, will ich
unseren Lebenssturm behüten,
in unserer Liebe,
in deiner Schwäche,
in deinem nie endenden Verlangen,
mit mir zu sein.
Immer dein Schrei unter meiner Haut
und die Flucht
an den Rand unserer Wirklichkeit.
Du Mauernbauer.
Du Einsturzhero.
Du bist dort, wohin ich mich atme.
Ohne dich bluten meine Tränen
Im Gefieder der Sinne.
Jetzt bist du allein im Tod,
wie ich allein im Leben.
Warte Liebster, bis ich Dich finde,
bis die Erde uns gemeinsam musiziert.
In Tönen und Worten, Worttönen
aus dir und mir.
Keiner nimmt sie uns weg.
Wo wir sind.
Grund und Schafott.

Das Loch teile ich mit dir
Albatrosse zeigen uns den Weg.
Im Serailgewitter der Wolken.
Im Duft der Tuberose.
Schau, unsere Jakobsleiter und
Beatrice,
wie sie uns so sehnlich erwartet.

Ursula Haas

Liturgischer Ort: Kyrie und Gloria

Mögliche Inszenierung im Gottesdienst:
Drei große schwarze Gymnastikbälle liegen nebeneinander im Altarraum. Eine weiß gekleidete Frau kommt und rollt langsam – von links nach rechts – einen Ball nach dem anderen weg. Dadurch kommt hinter dem ersten Ball ein weißes Kreuz zum Vorschein, hinter dem zweiten Ball ein leerer Bilderrahmen und hinter dem dritten Ball eine stark duftende Blume. Nachdem die Frau alle Bälle weggerollt hat, liest sie den Text.

Es haben Liebende

Es haben Liebende
Schon oft durch schwarzes Blau
Zum Tag gefunden.
Denn Engel stehn am Tor.
Sie lassen eine kurze Frist
Zu Ewigkeiten werden.
Sie zaubern
Haar in Haar
Den Mantelwurf
dem Körper lange Zärtlichkeit.
Sie sagen plötzlich:
Komm, steht auf.
Der Tag ist da.
Hab keine Angst.

Eberhard Messner

Liturgischer Ort: Kollektengebet

Mögliche Inszenierung im Gottesdienst:
Text im Frühgottesdienst oder in der Osternacht aus völliger Dunkelheit heraus dreimal hintereinander sehr leise und klar vorlesen. Gemeinde antwortet jeweils mit »Christ ist erstanden«.

In meinem Garten

In meinem Garten
Habe ich dich, Geliebte, gesucht.
Unter dem Holunderbusch
War der Platz leer,
die Rose
unter dem Dickicht
verkümmert,
die Kirschbäume
verblutet
das Lachen der Lilien
verebbt.

Bei den schwarzen Beeren
Habe ich geweint.
Meine Tränen
Wirst Du dort finden
Bitter verstummt.

Hörst du
Den Herzschlag der Steine
Noch,
das Atmen der Nesseln?
– der Kamille, das Heilkraut, ein Nachtschattengewächs –?
Spät
beim abendlichen Glockenschlag
habe ich
Deine zitternden Lippen gespürt.
Oder, warst Du es nicht?
Jemand war da,
hat mich aus meinem Garten
über die Grenze gebracht
in ein neues, unentdecktes Land.

Dort zähle ich die Blumen,
ordne die Stunden
noch einmal neu.

Schmetterlinge
Träumen in meinem Haar
Die Wärme des Sommers
Ist da.

Eberhard Messner

Liturgischer Ort: *(Schrift)lesung*

Mund der Stummen

Sing, wenn du kannst,
und spüre leibhaftig
die Resonanz.
Und höre die Pulse klopfen
durch diese und jene
Stimmung hindurch.

Steck deine Augen
in beide Ohren.
Dann brauchst du dem Volk nicht
aufs Maul zu schauen.
Dann hast du den Bogen raus,
bevor sie dich mundtot machen.

Wenn du kannst, warte ab,
bis es singt in dir.
Dann wirst du sein
ein Mund der Stummen.
Dann kriegst du zu hören,
was du sagen sollst.

Arnim Juhre

Liturgischer Ort: Eingangspsalm

Mögliche Inszenierung im Gottesdienst:
Vor dem Altar steht eine Person und verbindet sich selbst die Augen mit einem Tuch. Dann hält sie die Hände lauschend hinter beide Ohren. Nach einer Minute tritt von jeder Seite eine Person an sie heran. Beide tragen ein großes Klebeband über dem Mund und neigen sich dem Ohr der Mittelperson zu. Diese spricht nach einer kurzen Pause auswendig den Text.

Der Fremde

Er kam zu uns herein:
Ein Unbekannter jedenfalls,
ein Bettler – vielleicht,
ein Betrüger, wer weiß.
Er setzte sich mit an unseren Tisch,
und siehe da, was wir zum Essen vorbereitet hatten,
rückte er uns hin, bot es uns an,
mit einem Lächeln,
so als hätten wir es ihm zu danken.

Michael Zielonka

Liturgischer Ort: **Kollektengebet**

Immer ist Ort und Stunde.

Immer ist Ort und Stunde.
Immer bist du gemeint.
Und es ist jede Wunde
einmal zu Ende geweint.

So viele Schritte gegangen
egal wohin sie geführt.
Hauptsache angefangen
ab und zu Leben gespürt.

Immer ist wieder und weiter
Immer – das bist Du.
Die Tore öffnen, und heiter
schreitet der Tag auf dich zu.

Konstantin Wecker

Liturgischer Ort: Segen

Mögliche Inszenierung im Gottesdienst:
Text wird aus dem Verborgenen heraus vorgelesen. Gleichzeitig schreitet eine Person durch den Mittelgang der Kirche auf die Ausgangstür zu und bestreut dabei den Boden dicht mit Blüten.

Gott ist es

Gott ist es,
der uns auffordert,
die überflüssigen Gewichte
aus unseren Gehirnen wegzufasten,
falsches Stillhalten,
falsches Jasagen,
falsche Bequemlichkeit,
falsche Vergeßlichkeit,
falsches Achselzucken;
wie eine Speckschicht umlagern sie
die Fantasie, den Mut,
die Wachsamkeit, die Tatkraft,
die Gott von uns fordert,
um unser Leben
nach seinem Bilde zu formen.

Gott ist es,
der uns die Möglichkeiten
ins Herz und Hirn pflanzte,
ungehorsam sein zu können,
nachdenklich,
redlich und einsichtig,
zuversichtlich und zärtlich
und den Glauben
an die Utopie der besseren Welt.
Hoffnung gab er uns,
Lachen und Tränen,
Toleranz und Imagination,
um unser Leben
nach seinem Bilde zu formen.

Fritz Deppert

Liturgischer Ort: Eingangspsalm

Die Liebe

Die Liebe
sitzt in der Sonne
auf einer Mauer und räkelt sich
für jeden zu sehn
Niemand hat sie gerufen
niemand könnte sie wegschicken
auch wenn sie störte

Woher kam sie als sie kam?
Man sieht selbst die Katze kommen
oder ein Gedicht auf dem Papier
Und der dunkelfüßige Traum
stellt sich nicht aus

Die Mauer ist leer
wo die Liebe saß
Wohin ging sie als sie ging?
Selbst der Tod, selbst die Träne
läßt eine Spur

Hilde Domin

Liturgischer Ort: Kyrie

Mögliche Inszenierung im Gottesdienst:

Die Beleuchtung im Altarraum ist ausgeschaltet. Auf dem völlig leer geräumten Altar steht der Lichtkegel einer sehr starken Taschenlampe oder eines Scheinwerfers, die am besten von einer Empore aus eingesetzt werden. Während der Lesung schwingt der Lichtkegel in immer größer werdenden Bögen hin und her, bis er – unmittelbar vor der letzten Strophe – ganz aus dem Blickfeld verschwindet.

ruckartig

ruckartig
wunder
überspringen die mauseschritte
der logik
kreuzwege
enden
im geheimnis feuerwagen

Wilhelm Willms

Liturgischer Ort: Gloria

Mögliche Inszenierung im Gottesdienst:
Zwei Personen bewegen sich durch den Mittelgang des Kirchenraums nach vorne, indem sie Bocksprünge über einander machen. Wenn sie im Altarraum angekommen sind, treten sie zu beiden Seiten weg, so daß sie sich gegenüberstehen. Nach einer kleinen Pause lesen sie, Zeile um Zeile abwechselnd, den Text.

Verwendete Texte

- Horst Bingel, Verabredung
- Ursula Haas, Orpheia
- Eberhard Messner, Es haben Liebende
- Eberhard Messner, In meinem Garten
- Arnim Juhre, Mund der Stummen, Gedicht in: Arnim Juhre: Der Schatten über meiner Hand, 3. Aufl., Radius-Verlag, Stuttgart 1984, S. 49
- Michael Zielonka, Der Fremde
- Konstantin Wecker, Immer ist Ort und Stunde, Gedicht in: Konstantin Wecker: Schmerzvoll lebendig, © Kiepenheuer & Witsch Verlag, Köln 1998, S. 126
- Fritz Deppert, Gott ist es
- Hilde Domin, Die Liebe, Gedicht in: Hilde Domin: Der Baum blüht trotzdem, © S. Fischer Verlag GmbH, Frankfurt a. M. 1999, S. 14
- Wilhelm Willms, ruckartig, Gedicht in: Wilhelm Willms: lichtbrechung. geistliche lyrik, © Butzon & Bercker, Kevelaer 1982, S. 175

Im Konzertsaal des Schweigens
Texte zu Himmelfahrt

Der mythologischen Wiedervereinigung des Menschlichen mit dem Göttlichen kommt auf poetischer Ebene eine Sprachfindung jenseits der Sprache gleich. Da auch die Dichtung eine solche ungebrochene Sprache nicht schaffen kann, zeigt Himmelfahrt die Grenze ihrer Ausdrucksmöglichkeit. Anders als in der Passionszeit wird dies nicht als schmerzhaftes Scheitern, sondern als Anlaß zur Vorfreude interpretiert. Aus dem »Nicht-Sprechen-Können« wird ein »Nicht-Sprechen-Müssen«. Dadurch kann das Schweigen entdeckt werden als »Konzertsaal« des Unbewußten. Wer aus diesem Raum heraus dichtet und liest, wird zwischen den Zeilen das spüren und finden, was aus der Zerrissenheit der Sprache (wieder) ein Ganzes macht.

Eine Angelegenheit

Eine Angelegenheit der Endorphine
Irritation im limbischen System
das menschliche Hirn, sagen sie,
will sich nun mal mit dem Sterben nicht abfinden

mystische Verzückung
Erleuchtung
die Gnade Gottes
nur eine Hirnlappenepilepsie

Meister Ekkehard
ein Meister der Selbsttäuschung
nach dem Tod wird's schwarz
sonst nichts

Denen wird es wohl schwarz werden
denk ich mir
ich will mir weiterhin
meinen Himmel erschaffen

Konstantin Wecker

Liturgischer Ort: Kyrie

Mögliche Inszenierung im Gottesdienst:
Drei Personen, die einen weißen Kittel tragen, stehen während der Lesung vor dem Altar, ihr Rücken ist dem Gottesdienstraum zugewandt. Nach der letzten Strophe drehen sie sich um, und es ist zu sehen, daß sie alle schwarze Augenklappen tragen. Gemeinsam stimmen sie das Kyrie an.

Die Hydraulik im Christentum

Habe wird zur Gabe. Gabe zur Aufgabe.
Haben wird durch heben
zum Geben.
Heben. Aufheben, sich erheben.
Hinauf, hinauf ...

Michael Zielonka

Liturgischer Ort: Gloria

Mögliche Inszenierung im Gottesdienst:
Die Liturgin oder der Liturg steht auf einer Treppe oder Leiter und liest den Text langsam vor. Nach jedem Satz steigt sie eine Sprosse oder Stufe hinauf. Am Ende des Gedichtes läßt sie nach einer kurzen Pause den Zettel, von dem sie abgelesen hat, nach unten schweben.

Gespaltene Hoffnung

Das Kommende kommt,
kommt anders als erwartet,
so kommt es heraus:
Wir leben von der Produktion.
Wir leben für die Produktion.
Wir produzieren schon,
was kommen wird.

So kommt das Kommende
schon gespalten.
Wir hangeln behende
hin und her,
spinnen Hoffnungsfäden,
knüpfen das Netz
für soziale Fälle.

Wer hat zwei Hände frei,
den Zufall aufzufangen?

Arnim Juhre

Liturgischer Ort: Kyrie und Gloria

Mögliche Inszenierung im Gottesdienst:

Eine Person geht vor der Lesung des Textes mit einem großen Bindfadenknäuel kreuz und quer durch den Kirchenraum und wickelt dabei den Bindfaden lose um die Handgelenke verschiedener Gottesdienstbesucher, so daß eine Art Netz entsteht. Zum Schluß gibt die Person das Knäuel der Liturgin oder dem Liturg in die Hand, der schweigend vor dem Altar steht und von dort aus nach einer kurzen Pause das Gedicht liest. Danach wickelt die Liturgin oder der Liturg den Bindfaden kommentarlos wieder auf. Wichtig: Aktion sollte nicht angekündigt oder erklärt werden.

zu Psalm 113,3

Als einst unsern Weg wir begonnen,
da hat das Licht uns umfangen,
und Sterne, Monde und Sonnen
sind über uns aufgegangen.

Dann waren die Jahre und Tage
voll von Auf- und von Niedergängen,
und Loblieder wurden zur Klage
und Klagen zu Lobgesängen.

Wenn einmal am Ziel wir stehen,
da die Stürme die Nebel verscheuchten,
zwar die Sonne wird untergehen,
doch der Himmel wird groß sein und leuchten.

Vom Aufgang der Sonne bis zu ihrem Niedergang
sei gelobt der Name des Herrn.

Klaus-Peter Hertzsch

Liturgischer Ort: *Eingangspsalm*

Lauter

Ach wie bin ich geheilt
Lauter Jubel um Augen und
Ohren lauter Lust zu leben so
wie ich bin. Lauter Freude
am wachsenden Haar verweht
mir unterm Wasser lauter
Umarmung mit Sonne dem Meer
mit der Luft. Lauter Sehnsucht
alles immer fester zu fassen
lauter Staunen nichts in den
Armen zu halten als mich.

Ulla Hahn

Liturgischer Ort: **Gloria**

10 gebote
für die probefahrt ins paradies

1. spring über deinen schatten
   und laß die unruhe hinter dir!

2. zieh den alten menschen aus
   und zieh einen neuen menschen an!

3. nimm dir die zeit!
   Laß dir die zeit nicht stehlen!

4. habe keine angst
   vor deiner einsamkeit!
   die einsamkeit spricht ...

5. übe schweigen
   daß du neu sprechen lernst!

6. öffne dein auge und laß aus dem
   wechselnden vielerlei der welt
   das zu dir herein
   was dir zum manna wird!

7. probiere die luft
   probiere das wasser
   koste den tag
   koste die nacht aus!
   Laß alles unter die haut gehen!

8. riskiere die freiheit
   etwas mehr als sonst!

9. probiere die anonymität der fremde
als große chance
das zu sein was du bist!

10. nimm dir zeit!
schenke zeit!
probiere zuzuhören
probiere hinzusehen
probiere mitzuspielen
probiere keine rolle zu spielen!

Wilhelm Willms

Liturgischer Ort: Eingangspsalm

Mein Gott

Sieh den Baum
hautkantige Rundung
hölzerner Runen
über die Zeit

Rieche das Grün
der Zweige sanfte
Verstellung

Höre die Blüte

Du Stamm du Sonne
hinter der Wolke
Kein Tag zu früh
den Grund der Freude
zu umarmen

Ursula Haas

Liturgischer Ort: Kollektengebet

Mögliche Inszenierung im Gottesdienst:
Vier Personen stehen, orientiert an den vier Himmelsrichtungen, in wenigen Metern Abstand voneinander im Altarraum. Sie strecken ihre Arme nach oben. Nach jeder gelesenen Strophe treten sie einen Schritt vor und senken dabei ihre Arme etwas. Nach der letzten Strophe schließen sie ihre Hände zum Kreis.

Die achte Elegie

Nur den aufrichtig Liebenden
wird es gelingen zu hören, zu schauen
drüberhinaus mit den Herzen zu greifen.

Seht doch
wie ihre Wirklichkeit fern ist
von all dem Getön und Getue
wie wir sie neiden.

Weil sie uns fremd sind haben wir Angst.
Schelten sie einfältig oder verblendet
ach weil wir alles viel besser verstehen
und in Büchern belegen
mit Kriegen beweisen.

Aber die aufrichtig Liebenden
wandeln den Menschen voran.
Ihnen allein
muß nicht der Menschheit Blut
Wahrheit und Dasein bezeugen.
Sie allein
müssen sich nicht übersehn
um gesehn zu werden.

Konstantin Wecker

Liturgischer Ort: *Begleittext zum Bekenntnis*

Fortbewegung

Am frühen morgen laß ich das auto an
und zerbreche die stille
so leise ich auch sein will
zerbrech ich das sanfte licht des morgens
mein weg ist zu weit fürs fahrrad
wiederhol ich mir
und die flügel der morgenröte
die ich sonst wohl nahm
liegen verbrannt unter den vielen dingen
die eine alte frau besitzt

Dorothee Sölle

Liturgischer Ort: Kyrie

Mögliche Inszenierung im Gottesdienst:
Eine alte und eine junge Frau stehen dicht nebeneinander vor dem Altar. Vor sich haben sie einen großen Holzreif stehen – die junge Frau einen roten, die alte Frau einen schwarzen. Nach der Textlesung lassen sie die Reifen in entgegengesetzter Richtung wegrollen und verlassen den Altarraum.

worte der vollmacht

worte der vollmacht
ein
alles übertönendes leisesein

Lore Reimer

Liturgischer Ort: Gloria

Mögliche Inszenierung im Gottesdienst:
Im Altarraum wird ein großes weißes Tuch, das zusammengerafft unter der Decke hängt, langsam heruntergelassen. Auf dem Tuch steht der Text in großen, gut lesbaren Buchstaben. Der Text wird nicht vorgelesen! Nach fünf bis zehn Schweigeminuten kann eine Melodie eingeblendet oder angestimmt werden.

Kopfüber

Bin ein Vogel, ich,
laß mich ein, eng, die Täler,
liebe, nur Schöne,
Platanenhaine,
gehöre,
dir.

Bin nur ein Fisch, ich,
laß mich ein, treff' dein Wasser,
werde, der Sonne,
stets doch entfliehen,
gefangen,
dir.

Bin ich ein Mensch, ich,
laß mich ein, zu den Steinen,
Sand, nur in der Uhr,
gebunden das Korn,
geb' die Zeit,
dir.

Horst Bingel

Liturgischer Ort: Eingangspsalm

Mögliche Inszenierung im Gottesdienst:

Zwei artistisch geschulte Menschen treten nach der Lesung der Überschrift in den Altarraum. Vor der Lesung der ersten Strophe hebt die eine Person die andere senkrecht hoch über den eigenen Kopf, vor der zweiten Strophe hält die eine Person die andere kopfüber nach unten, vor der dritten Strophe hält die eine Person die andere waagrecht vor der eigenen Brust. Gesamter Text wird von unsichtbarem Ort aus vorgetragen.

Verwendete Texte

- Konstantin Wecker, Eine Angelegenheit der Endorphine, Gedicht in: Konstantin Wecker: Schmerzvoll lebendig, © Kiepenheuer & Witsch Verlag, Köln 1998, S. 154
- Michael Zielonka, Die Hydraulik im Christentum
- Arnim Juhre, Gespaltene Hoffnung, Gedicht in: Arnim Juhre: Wir stehen auf dünner Erdenhaut, Lutherisches Verlagshaus, Hamburg 1979, S. 38
- Klaus-Peter Hertzsch, zu Psalm 113,3
- Ulla Hahn, Lauter, Gedicht in: Ulla Hahn: Freudenfeuer, Deutsche Verlags-Anstalt, Stuttgart 1985, S. 41
- Wilhelm Willms, 10 gebote für die probefahrt ins paradies, Gedicht in: Wilhelm Willms: aus der luft gegriffen, 4. Aufl., © Butzon & Bercker, Kevelaer 1984, S. 122 f.
- Ursula Haas, Mein Gott, Gedicht in: Literaturbeilage 1/96 Erzdiözese München, S. 2
- Konstantin Wecker, Die achte Elegie, Gedicht in: Konstantin Wecker: Und die Seele nach außen kehren, 2. Aufl., © Kiepenheuer & Witsch Verlag, Köln 1993, S. 103
- Dorothee Sölle, Fortbewegung, Gedicht in: Dorothee Sölle: loben ohne lügen, Wolfgang Fietkau Verlag, Berlin 2000, S. 50
- Lore Reimer, worte der vollmacht
- Horst Bingel, Kopfüber

Ungereimtes verbindet
Texte zu Pfingsten

Im intuitiv-emotionalen Berührtsein öffnen sich Menschen für eine Botschaft, die sie sonst nicht verstehen könnten. Himmlische Feuerzungen und Heiliger Geist erscheinen als Vorboten des Dadaismus. Denn Klang und Rhythmus der Sprache werden (ge)wichtiger als ihre intellektuelle Stringenz und lassen alle Beteiligten erfahren, daß sich »Ungereimtes verbindet«. Dieser lyrisch-spirituelle Rausch wird trotz aller agitatorischen Gefährdungen interpretiert als heilsamer und zukunftseröffnender Zustand, der zeigt, wie nahe sich alle Menschen in ihrer Unterschiedlichkeit sind. So betrachtet ist Pfingsten das poetisch-ethische Paradigma schlechthin. Kritisch bemißt es jedes Gedicht daran, ob es aus der eigenen Kontextualität heraus zum Schlüssel(erlebnis) für ganz andere Lebens- und Sprachzusammenhänge werden kann oder nicht.

stotter – psalm

gott
wenn ich
vor der gemeinde
stottere
weil ich
von dir
nicht flüssig
reden kann
wenn ich
stottere
dann sagen
sie
er stottert
er kann nicht
predigen
er steht nicht
über der sache

wie kann ich
über dir stehen
wie über einer
sache

gott

sie wollen
dich
als kuchen
aber
ich kann
dich nur
geben
in kleinen

stücken
brot
stottern

und oft
kann ich
das nicht
einmal

Wilhelm Willms

Liturgischer Ort: Eingangspsalm

Mögliche Inszenierung im Gottesdienst:
Vor dem Gottesdienst werden auf ein reißfestes, dünnes Gummiband die Buchstaben g, o und t aufgefädelt. Von jedem Buchstaben sollten zehn bis zwanzig große bunte Pappexemplare hintereinander aufgereiht sein. (Damit die Buchstaben beim Auseinanderziehen des Gummis nicht verrutschen, muß vor und hinter jedem Buchstaben ein Knoten ins Gummiband geknüpft werden!)
Vor Beginn der Textlesung stehen zwei Personen, die dieses Gummiband zwischen sich halten, vor dem Altar. Während der Textlesung treten sie immer weiter auseinander, so daß kurz vor Ende der Lesung alle Buchstaben nebeneinander zu sehen sind. Nach dem letzten Satz lassen die beiden Personen gleichzeitig das Gummi los und verlassen den Altarraum.

nach Psalm 18

Eine gewaltige Wolkenwand
zog pechschwarz auf
überm Tal.
Gewitter, Blitze und Donner.
Über dem Hügel scheint die Sonne.
Verschiedene Leute blicken auf das Drama da unten.
Erst still und gefesselt,
dann reden sie:
Alle auf einmal

Theo Koeppen

Liturgischer Ort: Eingangspsalm oder Lesung

Mögliche Inszenierung im Gottesdienst:
Text wird vom Lesepult aus vorgelesen. Beim Vortragen der letzten Zeile beginnen mehrere andere Personen – mindestens fünf oder sechs sollten es sein – zeitversetzt mit der Wiederholung des Textes in möglichst unterschiedlichen Lautstärken und Stimmlagen. Das leise Anschlagen einer Klangschale beendet das Stimmengewirr.

Wenn die Sprache sich selbst bespricht

Wenn die Sprache sich selbst bespricht
und feiert in heiliger
Nutzlosigkeit
zwischen Unendlichkeit und Ewigkeit,
dann tut sich zwischen
dem Ungesagten und Unsagbaren
eine unmögliche Möglichkeit auf:
der Augenblick ohne Zeit, das ewige Jetzt.

Michael Zielonka

Liturgischer Ort: Gloria

Mögliche Inszenierung im Gottesdienst:
Text wird von unsichtbarem Ort aus am Anfang sehr, sehr laut gelesen und dann immer leiser intoniert, so daß der letzte Vers gerade noch zu hören ist und im Schweigen verebbt.

sprachfehler

1
der
mit dem
sprachfehler
ist der dichter

wunderbar
wenig

spricht er
unter
vielsagern

2
der
mit dem
sprachfehler
ver-
spricht
sich

er
ver-
spricht
viel

er
ver-
spricht
sich

viel

3
wo
kommt
der
hin
der
sich
ver-
spricht

er
wird
ein
ver-
sprechen

Wilhelm Willms

Liturgischer Ort: Kollektengebet

Mögliche Inszenierung im Gottesdienst:
Bevor der Text gelesen wird, hängen zwei Personen ein Antependium aus Pappe vor den Altar, auf dem das Wort Versprechen in Kreuzform arrangiert ist: Die Silbe »Ver« kann die beiden Querlinien und die obere Senkrechtlinie bilden, das Wort »Sprechen« die untere Senkrechtlinie des Kreuzes.

Zärtlicher Glaube

Wir glauben an den Gott, der unsere Seelen
zum Beten verführte,
unseren Mund zum Lachen
und unsere Herzen zum Singen.
Dadurch formten sich unsere Lippen zum Kuß
und unsere Füße zum Tanz.
Unsere Seele rückte bis in die Fingerspitzen vor,
und diese entschlossen sich zur Liebkosung.
Unerhofftes Licht ringelte sich zum Glück,
das Morgenrot zum Menschenort:
Alle Ichs jubeln im Wir.

Michael Zielonka

Liturgischer Ort: Begleittext zum Bekenntnis

Mögliche Inszenierung im Gottesdienst:
Mehrere möglichst unterschiedliche Paare (Frau-Mann, Frau-Frau, Mann-Mann, Kind-Kind, Kind-Mann, Kind-Frau) stehen im Altarraum verteilt, halten sich jeweils zu zweit an beiden Händen und sehen sich an. Alle sprechen den Text zeitgleich und auswendig. Nach der letzten Zeile bilden alle Paare schweigend einen großen Kreis und bleiben einige Minuten so stehen.

Atem

Leise klopft an meine Haut
dein atemzug
wenn mich schlaf und träume
die alten meeresfreunde
an land geworfen haben

Du segelst in deinem schiff
ich gefesselt und ohne wort
spür deinen atem
mich zu erinnern
atem war einst und
wind über den wassern
vor allem

So fange ich an
im leeren
weniger als ein gebet
mehr als ein zynismus
die luft zu loben
die du mir schickst

Dorothee Sölle

Liturgischer Ort: Gloria

Ungereimtes verbindet – Texte zu Pfingsten

Viele Farben hat der Wind

Viele Farben hat der Wind
wenn er sommers
wenn er winters
über die von ihm bewegte
Erde schwingt

sammelt und streut
Wolken tief
rotes Spät
und auf Wiesen
ein sich hebendes
Leuchten

darf nichts behalten
muß wie ich
mit freien Händen
über Bergkuppen
gleiten

Lore Reimer

Liturgischer Ort: Kyrie und Gloria

Mögliche Inszenierung im Gottesdienst:
Liturgin oder Liturg steht während der Textlesung mit dem Gesicht zum Altar und hält in jeder Hand einen mit Propangas gefüllten Luftballon. Die Arme hängen zunächst herunter und werden während der Lesung langsam und symmetrisch immer höher gehoben. Nach dem letzten Wort läßt die Liturgin oder der Liturg beide Luftballons los.

Singen um gehört zu werden

Singen um gehört zu werden
Atem der die Laute schlägt
einer Stimmung Stimme geben
Singwort das viel weiter trägt

Ruf und Schrei – Gefahr und Ferne
unvertrautes Übermaß
Singen um nicht zu verstummen
Klage die am Klang genas

Einem Lied Gehör verschaffen
Glaube, Liebe, Hoffnung, Leid
Singen um erkannt zu werden
Sage und Begebenheit

Singend auf bewegter Erde
Haus und Hof und Dorf und Stadt
Soll und Haben in der Schwebe
lebenshungrig – lebenssatt

Leise einen Namen summen
Unbewußtes treibt an Land
Singen um die Angst zu bannen
Lied das seinen Anfang fand

Arnim Juhre

Liturgischer Ort: *Fürbitte*

Bist ein seltener Fisch

Bist ein seltener Fisch
wieder
hat sich mein Netz
in dir verfangen

Konstantin Wecker

Liturgischer Ort: Gloria oder Segen

Mögliche Inszenierung im Gottesdienst:
Tänzerin, die einen kurzen wehenden Schleier trägt, dreht sich minutenlang im Altarraum zu einem Trommelwirbel um die eigene Achse. Wenn Musik und Bewegung zum Stillstand gekommen sind, zieht sich die Tänzerin ein Perlmuttkreuz aus dem Schleier und spricht den Text.

Verwendete Texte

- Wilhelm Willms, stotter-psalm, Gedicht in: Wilhelm Willms: lichtbrechung. geistliche lyrik, © Butzon & Bercker, Kevelaer 1982, S. 51 und 52
- Theo Koeppen, nach Psalm 18
- Michael Zielonka, Wenn die Sprache sich selbst bespricht
- Wilhelm Willms, sprachfehler, Gedicht in: Wilhelm Willms: lichtbrechung. geistliche lyrik, © Butzon & Bercker, Kevelaer 1982, S. 76 und 77
- Michael Zielonka, Zärtlicher Glaube
- Dorothee Sölle, Atem, Gedicht in: Dorothee Sölle: loben ohne lügen, Wolfgang Fietkau Verlag, Berlin 2000, S. 18
- Lore Reimer, Viele Farben hat der Wind
- Arnim Juhre, Singen um gehört zu werden, Lied in: Arnim Juhre: Wir stehn auf dünner Erdenhaut, Lutherisches Verlagshaus, Hamburg 1979, S. 77
- Konstantin Wecker, Bist ein seltener Fisch, Gedicht in: Konstantin Wecker: Schmerzvoll lebendig, © Kiepenheuer & Witsch Verlag, Köln 1998, S. 24

Drei Farben hat das Alphabet
Texte zur Sommerzeit

Die Vielgestaltigkeit Gottes beschreiben und feiern, das ist der Auftrag des längsten Zeitabschnitts im christlichen Kirchenjahr. Allerdings krankt die Trinitatiszeit bis heute daran, daß mit ihr kein Ereignis aus dem Leben Jesu verbunden werden kann und vielen das Dogma von der Dreifaltigkeit Gottes unanschaulich bleibt. Dies ernst zu nehmen, bedeutet für die Gestaltung von Sprache, daß es nur die eine anarchische Regel gibt, daß es keine letztgültige Regel gibt – weder in der poetischen noch in der religiösen Inszenierung des Göttlichen! Denn so wie sich aus den Grundfarben (Blau, Rot, Gelb) eine unübersehbar große Zahl von Farben mischen läßt, so mußten und müssen sich auch »Vater, Sohn und Heiliger Geist« in eine Vielzahl von Sprachformen hinein verwandeln, um erfahrbar zu bleiben. Der Titel »Drei Farben hat das Alphabet« interpretiert diese Freiheit als ästhetische und spirituelle Notwendigkeit.

dass deine augen über mir

kleine vögel und zauber
der regen
und immer ist nachmittag
kein hinterhalt
den ich erträume am abend
um aus dem haus zu gehen
wort stete reise
dich einholend
mit jedem schritt
fort von dir
längs deines pulsschlags
durch die stille
die dich begleitet
claire lune
ein traurigsein verzeihen
im winkel deines mundes
ich erzähle dir
noch ein tag
les ich in deiner hand
darin der vogel mein herz und der mond
was andres bin ich als lied
das über den gärten – ein atem
zweig
deinen augen entsprossen

Anna Rheinsberg

Liturgischer Ort: Eingangspsalm

Mögliche Inszenierung im Gottesdienst:
Text wird von unsichtbarem Ort vorgelesen. Parallel dazu wird ein Bild von der sich in einen Baum verwandelnden Daphne immer deutlicher auf eine Leinwand im Altarraum projiziert. Am Ende der Lesung setzt leise Oboenmusik ein, die in das Responsorium überleitet.

Archangelos

Schwarzgekleidet
schleppt sie sich
zur Kirche
der weiß-herr-lichen
küßt
mit zärtlichen Lippen
die Ikonen
die silber-gold-abweisenden
entzündet
Kerzen Licht
erhellt der Kirche Dunkel
auf dem gleißenden Vorplatz
atme ich
Gott.

Gabriele Haas-Rupp

Liturgischer Ort: Kyrie und Gloria

Mögliche Inszenierung im Gottesdienst:
Eine Person steht weiß gekleidet vor einem großen Vorhang, der zur Hälfte schwarz und zur anderen Hälfte weiß ist und vor dem Altarraum aufgespannt ist. Während der Text von einem unsichtbaren Ort aus gelesen wird, steht die Person zunächst vor der schwarzen Seite, bei den letzten drei Zeilen tritt sie vor den weißen Vorhangteil.

Auf den Vesuv gehen

Wir bestellen im Wind
das Feld.
Diesen Sommer noch
lieben wir hier.

Wir leben im Netzwerk
der Uhr.
Alle Straßen
geteert.

Horst Bingel

Liturgischer Ort: Kyrie

Mögliche Inszenierung im Gottesdienst:
Im Altarraum tanzen zwei bis vier Paare ohne Musik im Kreis einen Walzer. Plötzlich brechen sie den stummen Tanz ab und marschieren – immer zu zweit nebeneinander – im Stechschritt weg vom Altarraum durch den Mittelgang. Erst wenn sie ganz aus dem Blickfeld verschwunden sind, wird der Text gelesen.

Ich habe ihn gesehen

Ich habe ihn gesehen, den Baum,
rot in der Unzahl von Äpfeln,
mehr rot als grün die Erntekrone,
die übervielen Äpfel

Ich sehe ihn, den Baum,
früchteleuchtend vor Hingabe an
die Sonne, an die Erde, an die
Bestimmung, ein Apfelbaum zu sein

Lore Reimer

Liturgischer Ort: **Gloria**

In den kommenden großen Ferien

In den kommenden großen Ferien
Haben wir unnachahmliche Dinge vor
Wir möchten einige Dinge unternehmen
Die wir bis jetzt noch nie unternommen haben
Wir wollen uns zum Beispiel
Von unserem Land und unserer Zeit verabschieden
Wir stimmen mit beiden nicht mehr so ganz überein
Es tut uns leid
Aber die Jahre sind dahin
Gut
In den großen Ferien werden wir natürlich auch
Einen alten Wald bewundern
Und uns vorsichtig einem dunklen See nähern
Und endlich ein dickes Buch das wir schon immer zu Ende lesen
Wollten
Zu Ende lesen
Niemand soll uns erreichen
Wir haben uns vorgenommen Haken zu schlagen
Und wollen ständig unsere Spuren verwischen
Und eine Sprache sprechen die uns nicht verrät
Nicht mal eine weiße Fahne werden wir mitführen
In den großen Ferien wollen wir ein Narrenschiff stehlen
Natürlich ein lächerliches Ruderboot
Und werden so weit aufs Meer hinausfahren
Daß niemand unser Weinen hört
Manchmal nachts
Wenn wir der Widersprüche nicht Herr werden
In den großen Ferien
Wollen wir einen Segelflieger bitten
Uns hinaufzufliegen
daß wir einmal die Erde ohne uns sehen
In den großen Ferien
Werden wir natürlich auch eine Eisdiele besuchen

Einen Zoo
Eine alte gemütliche Kirche
Und eine Tropfsteinhöhle
Wie das so üblich ist
Aber wer uns nach Land und Zeit fragt
Nach Antworten und Lösungen
Nach Vergangenheit und Zukunft
Dem wollen wir in den großen Ferien einen Kuß
Auf die Stirn geben
Denn so heilig und fehlerlos wollen wir in den großen Ferien
Nicht sein
In den großen Ferien möchten wir fröhlich sein
Und eine Geschichte der Gleich-Gültigkeit schreiben
Und wenn wir nach wenigen Wochen zurückkehren müssen
Wird es denken wir früh genug sein
Sich dann den staatlichen Aufsichtsbehörden
Und einer vernunftbegabten Gesellschaft
Wieder zu stellen
Wenn nichts dazwischenkommmt.

Hanns Dieter Hüsch

Liturgischer Ort: Eingangspsalm

Mögliche Inszenierung im Gottesdienst:
Im Altarraum steht ein möglichst großes Kinderauto mit Lenkrad und Sitz. Es steht so, daß es von der Seite zu sehen ist. Die Liturgin oder der Liturg sitzt mit dem Rücken zum Lenkrad darauf und liest den Text vor.

Ziehst mir blaue Schuhe an

Ziehst mir blaue Schuhe an,
läßt mich gehen
im Weiß der Taube,
deinen Händedruck
weiterzugeben.

Lore Reimer

Liturgischer Ort: Segen

Mögliche Inszenierung im Gottesdienst:
Während der Textlesung wird ganz leise Meeresrauschen eingeblendet, das sich langsam steigert und nach dem Ende des Textes gut und angenehm zu hören ist.

im innendunkel

im innendunkel
des samenkorns
das kleingefaltete
grünleuchten
der verheißung

Lore Reimer

Liturgischer Ort: Gloria

Mögliche Inszenierung im Gottesdienst:
Die Mitte des Altarraumes ist mit runder grüner Plane bedeckt, die Plane ist von unzähligen Samenkörnern zugedeckt, so daß das Grün nicht zu sehen ist. Liturgin steht barfuß mitten auf der Plane. Nach dem Vortragen des Textes – möglichst auswendig – kehrt sie langsam von ihrem Standort aus den grünen Kreis frei.

Liebes Leben fang mich ein

Liebes Leben, fang mich ein
halt mich an die Erde.
Kann doch, was ich bin, nur sein
wenn ich es auch werde.

Gib mir Tränen, gib mir Mut
und von allem mehr.
Mach mich böse, mach mich gut
nur nie ungefähr.

Liebes Leben, abgemacht?
Darfst mir nicht verfliegen.
Hab noch soviel Mitternacht
sprachlos vor mir liegen.

Konstantin Wecker

Liturgischer Ort: Segen

Sommerzirkus

Ich, du, wir, die Wolkenschaukel,
treffe euch morgen in der Eisenbahn,
wir halten an jedem Rummelplatz an,
Notbremse,
zum Fischbrötchenessen.

Ich, du, wir, die Wolkenchaise,
halten gleich Händchen, im letzten Waggon,
grüßen jeden Bahnhof, die Brücken,
die Wespen,
ihr Sommertagsessen.

Ich, du, wir, die Wolkenschüssel,
liebe euch morgen im großen Regen,
wir sitzen in jedem Gartenlokal,
Picknickspaß,
die Nixen, die essen.

Horst Bingel

Liturgischer Ort: *Begleittext zum Bekenntnis*

Die großen Spaziergänge

Die großen Spaziergänge, auf denen wir
nicht ins leere greifen

Immer geht die hand des andern mit

Reiner Kunze

Liturgischer Ort: Kollektengebet

Mögliche Inszenierung im Gottesdienst:
Zwei Personen stehen auf einem kleinen, knallroten Punkt im Altarraum und umarmen sich. Sie bleiben dort schweigend ca. 3-5 Minuten stehen, ohne daß die Stille angekündigt oder erklärt wird. Dann gehen sie gleichzeitig, langsam und in sich gekehrt auf verschiedenen Wegen aus dem Gottesdienstraum. Von einem unsichtbaren Ort aus wird der Text gelesen.

Arad

Weit unten, lediglich geahnt:
die Schüssel voller Salz, das Tote Meer!
Und über mir ein schweigend' Sternenheer,
das sich allnächtlich gleiche Wege bahnt
in Zeit und Raum und zyklisch-ew'ger Wiederkehr.

Der Wind der Wüste – jetzt ein Hauch,
ein Ruch von Klarheit und fast herber Strenge –
umkreist, verschließt der Straßen weite Gänge,
fegt sanft die Gärten und erreicht mich auch,
noch eh' der Tag ausspeit des Lichtes Menge.

Ich atme, bin Kristallgestein,
verschweige mich in tausend off'ne Ohren
des Alls der Welt und fühl' mich nicht verloren,
weil Dunkles hellt sich auf zu neuem Sein
in Zeit und Raum: Fortan zu Ewigkeit geboren!

Alfred Müller-Felsenburg

Liturgischer Ort: Gloria

Verwendete Texte

- Anna Rheinsberg, dass deine augen über mir
- Gabriele Haas-Rupp, Archangelos
- Horst Bingel, Auf den Vesuv gehen
- Lore Reimer, Ich habe ihn gesehen
- Hanns Dieter Hüsch, In den kommenden großen Ferien, Text in: Hanns Dieter Hüsch: Es kommt immer was dazwischen, © 1999 by Karl Blessing Verlag, München, in der Verlagsgruppe Random House GmbH, S. 125 und 126
- Lore Reimer, Ziehst mir blaue Schuhe an
- Lore Reimer, im innendunkel
- Konstantin Wecker, Liebes Leben fang mich ein, Gedicht in: Konstantin Wecker: Schmerzvoll lebendig, © Kiepenheuer & Witsch Verlag, Köln 1998, S. 63
- Horst Bingel, Sommerzirkus
- Reiner Kunze, Die großen Spaziergänge, Gedicht in: Reiner Kunze: auf eigene hoffnung, © S. Fischer Verlag GmbH, Frankfurt a. M. 1981, S. 35
- Alfred Müller-Felsenburg, Arad, Gedicht in: Alfred Müller-Felsenburg: Im Orbit der Vergängnis, MuNe Verlag, Paderborn 1999, S. 53

Das Salz der Fragen
Texte zum Totengedenken

Der Protest gegen gewaltsamen Tod bestimmt die Sprache vor allem dort, wo sie sich gegen öffentlich zu verantwortendes Unrecht wendet und darum bangen muß, ob ihr Raum und Zeit zum Schreiben nicht morgen schon willkürlich abgeschnitten werden. Aber auch der Umgang mit der eigenen Begrenzung und Sterblichkeit ist für die Lyrik wie für das christliche Totengedenken von großer Bedeutung. Nicht nur in der thematischen Bearbeitung von Leiden und Tod, sondern vor allem im Beiseitelegen des Stiftes, im Loslassen des eigenen Textes schmeckt sie »Das Salz der Fragen«, das jeder Abschied mit sich bringt. Die Bitternis unausgeschöpfter Möglichkeiten, aber auch die Tragfähigkeit des Offenen sind ihr unausweichliche Wegbegleiter. In beidem und durch beides wird sie, wie jeder trauernde Mensch, zu neuen Horizonten herausgefordert.

Mein Herze wir sind verreist

Für E.W.P.

Mein Herze
wir sind verreist
nach verschiedenen Weltteilen
Eurydike
meine Hand
deine Schulter berührend
Ich schreibe mit deinem Stift
ich möchte eintreten
durch diese großen Trichter
am Meer
in das Reich
in dem du gehst oder liegst
oder stehst
in dem du jetzt alles weißt
oder alles vergißt

Ich dein schneller dein zu langsamer
Weggefährte
Ich komme hinter dir her
»Langsamer« sagst du wie immer
»Sei langsam«

So sitze ich hier
hoch über dem Meer
blau grün fern
deinen Stift in der Hand

Hilde Domin

Liturgischer Ort: Kollektengebet

Charon

Bald weiß ich nicht mehr
wer ich bin
unter all den Toten die ich
in mir trage
dieses Gerede, dieses Bildgeflimmer
dieses Japsen und Stöhnen und so
viel Gezeter
hundsgesichtig und blaßgeschluchzt
Verdammnis und Sucht
zu leben ... zu sterben ...
mit funkelnden Augen
das Schlagen des Wassers
Ich rudere den Fluß
Im Spiegel erscheint
immer nur
ein Gesicht

Ursula Haas

Liturgischer Ort: Kyrie

Mögliche Inszenierung im Gottesdienst:

Im Altarraum sind mehrere große Türspiegel zu einem Rechteck auf dem Boden zusammengelegt. In der Mitte sind brennende Teelichter zu einem spitzen Oval angeordnet, das an die Form eines Bootes erinnert. Vor der Textlesung betritt eine Person die Spiegelfläche und kauert sich zwischen die Teelichter. Erst dann wird der Text gelesen.

In Ewigkeit

Du, im Feld, steh' auf, dein Schatten wächst,
es dröhnt, du, du fängst nicht dich,
du, im Weg, spring', dein Faden,
im Sturm, du, nicht du,
du, dein Feld, die Feuer,
abgebrannt.

Horst Bingel

Liturgischer Ort: Kyrie

Mögliche Inszenierung im Gottesdienst:

Hinter einem weißen Tuch, das vor dem Altarraum aufgespannt ist und vom Altar her mit zwei starken Scheinwerfern durchleuchtet wird, formieren sich mehrere Schattengestalten zu einem Bild: die Arme zum Kreuz ausgebreitet und einen Helm auf dem Kopf oder in der Hand, simulieren sie ein Gräberfeld. Erst wenn alle stehen, wird der Text vorgelesen.

Die Friedensfrage

Das Wort Frieden
ist ein Hauptwort.
Das hatten wir schon
in der Schule.

Aber wie heißt nun
zum Hauptwort Frieden,
das Tätigkeitswort?
Wo lernen wir das?

Arnim Juhre

Liturgischer Ort: Eingangspsalm

Mögliche Inszenierung im Gottesdienst:
Im Altarraum ist eine leere Tafel aufgestellt. Eine Person geht zur Tafel und schreibt das Wort Frieden so oft auf die Tafel, bis die gesamte Fläche voll ist. Dann wischt sie mit einem Schwamm ein großes Fragezeichen in die Mitte. Nach einer kleinen Pause liest die Liturgin oder der Liturg den Text vor.

Bittgedanke, dir zu füssen

Stirb früher als ich, um ein weniges
früher

Damit nicht du
den weg zum haus
allein zurückgehn mußt

Reiner Kunze

Liturgischer Ort: Kollektengebet

Das Salz der Fragen – Texte zum Totengedenken

Zeit der Verwandlung

Zeit der Verwandlung, Zeit zu vergehen
halte die Stunden fest.
Um aus der Asche neu aufzuerstehen
bleibe kein dunkler Rest.

Erst aus der Verwandlung wird sich verklären
was sich dem Tode geweiht
all die verzehrenden Stunden wären
sonst sinnlos vergeudete Zeit.

Abschied von Tränen und Heldentaten
Abschied von ich und wir
Lockre die Erde, halte den Spaten bereit
und versöhn dich mit dir.

Konstantin Wecker

Liturgischer Ort: Fürbitte

Mögliche Inszenierung im Gottesdienst:

Text wird von drei schwarz gekleideten Personen gelesen, die nebeneinander im Altarraum stehen. Bei jeder Strophe tritt eine Person vor und liest den Text. Danach drehen sich alle drei auf einmal um. Dadurch wird der weiße – auf ihre Rücken verteilte – Schriftzug A & Ω sichtbar. Alle drei bleiben während des Vaterunser so stehen.

Zwiegespräch

Nebel geben Wände
umrahmen den Raum
feuchtkühle Nebelhände
streichen den Rasen hinab
kaltkahle Sträucher
versprechen träumendem Blatt
Leben
und Lenz lockt wie jedes
wie jedes Jahr vor dem
die schlafende Kraft und eben
dacht' ich
ich säh' schon
Märzenbecher
trauern und tränken
Dein tagfrisches Grab.

Gabriele Haas-Rupp

Liturgischer Ort: Gloria

Tomba dell'orco

Inmitten der Liebe
sterben
zwischen den Worten
eine Wurzel
aus Moos Farn und Tümpelgestrüpp
Das Wirkliche ist das Absolute
Henker
aus sterblichen Überresten Sprache
Liebe und verbrannte Körper
Erinnerung
        ich liege in deinem toten Arm
        ich atme an deiner toten Brust
        ich küsse deinen toten Mund
        ich halte dein totes Geschlecht
        ich spreche dein totes Wort

Stille die uns singt
Glück

Ursula Haas

Liturgischer Ort: Gloria

Mögliche Inszenierung im Gottesdienst:
Während der Text vorgelesen wird, schlägt eine zweite Person leise einen einfachen, punktierten Trommelrhythmus – so daß der Text gegen den Rhythmus gelesen wird. Nach der drittletzten Zeile verstummt die Trommel, und die letzten beiden Zeilen werden in die Stille hinein gesprochen.

Ein gast auf erden

Zu hause vielerorts
hab ich vergessen zu fragen
was denn das erste wort war
als euer kind zu sprechen anfing

Mitten in der nacht
fahr ich hoch und weiß nicht
wer spricht wer schweigt
und wer lernt die wörter
die uns wärmen werden

Das tote kind
will mir nicht aus dem sinn
die andere gästin
fortgegangen und wohnhaft
zuhaus in der erde

Das tote kind möchte ich bitten
mach uns heimisch auf erden
halt uns fremd

Dorothee Sölle

Liturgischer Ort: Kyrie

Mögliche Inszenierung im Gottesdienst:
Eine Frau liegt in embryonaler Haltung auf einer bunt bezogenen Daunendecke, die im Altarraum ausgebreitet ist. Der Text wird von einem unsichtbaren Ort aus gelesen. Nach der Lesung steht die Frau auf und breitet ihre Arme zum Kreuz. Erst dann wird das Kyrie angestimmt.

Gott Fels

Gott Fels
die Welt zerbricht an dir
um ihr Innerstes zu finden

Lore Reimer

Liturgischer Ort: *Kyrie und Gloria*

gibt nichts

gibt nichts
wofür es zu sterben lohnte
kein land keine traurigkeit
nur der wunsch
ein stein zu werden
eine ameise oder der mond
dahinter die schatten der tiere
(nah) am herzrand entlang
ein jammer zu fuß
in schönster eintracht
wie fahrende schiffe auf see
voller flüchtlinge und kanonen

die nacht ist kurz
und der hunger ein gebirge
roter granit und zungen
ciao bella
sommer überm bootssteg
der abendstern
ein huhn
gott ist ein schlankes bein
die welt gut
der tod nur auf gastspielreise

Anna Rheinsberg

Liturgischer Ort: Kyrie und Gloria

Mögliche Inszenierung im Gottesdienst:
Textlesung wird gerahmt von einer Clownspantomime, die die assoziativen Bilder des Textes spiegelt und verstärkt. Schwarz gekleidete Liturgin oder schwarz gekleideter Liturg kann dabei – als Gegensatz zu dem beweglichen bunten Clown – die ganze Zeit in der Mitte des Altarraums stehen.

er hatte NICHTS

er
hatte
NICHTS
wohin
er
seinen kopf
legen konnte

ich
habe
mir
ein
stück
hei-
mat
er-
schwin-
delt
so
groß
wie
mein
grab

mein
grab
ist
groß

ich
wie
a-
bra
ham

Wilhelm Willms

Liturgischer Ort: Begleittext zum Bekenntnis

Verwendete Texte

- Hilde Domin, Mein Herze wir sind verreist, Gedicht in: Hilde Domin: Der Baum blüht trotzdem, © S. Fischer Verlag GmbH, Frankfurt a. M. 1999, S. 7
- Ursula Haas, Charon
- Horst Bingel, In Ewigkeit
- Arnim Juhre, Die Friedensfrage, Gedicht in: Arnim Juhre: Der Schatten über meiner Hand, 3. Aufl., Radius-Verlag, Stuttgart 1984, S. 27
- Reiner Kunze, Bittgedanke, dir zu füssen, Gedicht in: Reiner Kunze: eines jeden einziges leben, © S. Fischer Verlag GmbH, Frankfurt a. M. 1986, S. 64
- Konstantin Wecker, Zeit der Verwandlung, Gedicht in: Konstantin Wecker: Schmerzvoll lebendig, © Kiepenheuer & Witsch Verlag, Köln 1998, S. 142
- Gabriele Haas-Rupp, Zwiegespräch
- Ursula Haas, Tomba dell'orco
- Dorothee Sölle, Ein gast auf erden, Gedicht in: Dorothee Sölle: loben ohne lügen, Wolfgang Fietkau Verlag, Berlin 2000, S. 38
- Lore Reimer, Gott Fels
- Anna Rheinsberg, gibt nichts
- Wilhelm Willms, er hatte NICHTS, Gedicht in: Wilhelm Willms: lichtbrechung. geistliche lyrik, © Butzon & Bercker, Kevelaer 1982, S. 174

Die Autorinnen und Autoren

Bingel, Horst	–	Frankfurt
Deppert, Dr., Fritz	–	Darmstadt
Domin, Dr., Hilde	–	Heidelberg
Haas, Ursula	–	München
Haas-Rupp, Gabriele	–	Rödermark
Hahn, Dr., Ulla	–	Hamburg
Hertzsch, Prof. Dr., Klaus-Peter	–	Jena
Hüsch, Hanns Dieter	–	Köln
Juhre, Arnim	–	Wuppertal
Koeppen, Theo	–	Göttingen
Kunze, Reiner	–	Obernzell-Erlau
Messner, Pfr., Eberhard	–	Mainhardt
Müller-Felsenburg, Alfred	–	Hagen
Reimer, Lore	–	Espelkamp
Rheinsberg, Anna	–	Marburg
Seidel, Uwe	–	Mehren
Sölle, Prof. Dr., Dorothee	–	Hamburg
Stroheker, Tina	–	Eislingen
Wecker, Konstantin	–	München
Willms, Propst, Wilhelm	–	Heinsberg
Zeller, Eva	–	Berlin
Zielonka, Michael	–	Mönchengladbach